名校名师通识教育新形态系列教材

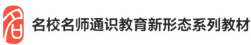

大学美育

第2版 | AIGC版

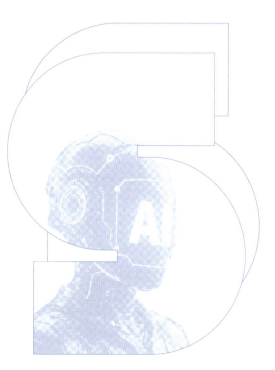

杜卫◎主审

胡泊 宋原◎主编

人民邮电出版社

北　京

图书在版编目（CIP）数据

大学美育 : AIGC 版 / 胡泊，宋原主编. -- 2 版.
北京 : 人民邮电出版社, 2025. -- （名校名师通识教育
新形态系列教材）. -- ISBN 978-7-115-67468-5

Ⅰ. G40-014

中国国家版本馆 CIP 数据核字第 20250FZ201 号

内 容 提 要

　　本书立足新时代美育发展需求，以"大美育观"为理论核心，通过丰富多样的艺术形式与生活化的审美情境，培养大学生的审美素养与创造能力。全书共七章，涵盖文学、视觉艺术、表演艺术、自然生活，以及人工智能与美学交叉融合等领域，实现从经典艺术欣赏到现代生活实践的全面贯通，助力大学生在技术革新与多元文化交汇中培养发现美、创造美与传播美的终身能力。

　　本书突出实践导向与互动体验，每章设置"美的导航"环节引导全章，启发大学生主动思考；通过"美的漫步"环节进行理论解析，提升大学生的审美素养；再辅以"美的经典"案例分析、"美的探索"思辨讨论和"美的实践"创作任务，引导大学生在动手创造中深化审美体验，激发审美创新潜能。

　　本书适合作为高等院校美育课程的教材，也可供从事美育教学与研究工作的相关人员参考。

◆ 主　　编　胡　泊　宋　原
　　责任编辑　任书征
　　责任印制　陈　犇

◆ 人民邮电出版社出版发行　　北京市丰台区成寿寺路 11 号
　　邮编　100164　　电子邮件　315@ptpress.com.cn
　　网址　https://www.ptpress.com.cn
　　雅迪云印（天津）科技有限公司印刷

◆ 开本：787×1092　1/16
　　印张：9.25　　　　　　　　2025 年 7 月第 2 版
　　字数：155 千字　　　　　　2025 年 11 月天津第 3 次印刷

定价：49.80 元

读者服务热线：(010)81055256　印装质量热线：(010)81055316
反盗版热线：(010)81055315

编 委 会

推荐序

　　近年来，在党和国家的高度重视下，美育在教育体系中的地位日益凸显。随着"美育浸润行动"的深入推进，在政策引领之下，高校美育蓬勃发展，各地在美育课程开设和教学改革、学校美育教学和科研机构设立、美育教师队伍建设、学校美育活动形式创新、社会美育资源开发利用等方面都进行了积极而颇具成效的探索，标志着我国美育事业进入了高质量发展的阶段。

　　高校美育课程的建设应该立足于对美育特点和规律的深入探索和把握。美育的育人目标，不在知识之多寡，而在于其是否能够引导学生积累具身性的审美经验，涵养感知力与判断力，进而养成健全的人格品格与促成创造力发展。当下美育的症候之一在于其知识化与技术化倾向日趋明显，部分教师对美育的特点和规律还缺乏清晰的认知，具体表现在美育课程教学中教师讲知识多，学生"无感"现象较为普遍。美育课程的教学常常不是单纯教授技法就是游离于艺术人文意涵之外空谈概念。我们要认识到，美育的特点与美育的目标存在内在逻辑关系。美育的基本属性是"基于审美经验的人文教育"，美育要实现的目标是"提高学生审美和人文素养"，而这种目标的实现就依靠学生的切身审美体验和审美经验积累。美育课程的教学如果离开了审美的情感体验和审美经验的积累，就不可能提高学生的审美和人文素养，也不可能促进学生创造力的发展。而且，在整个教育体系里，美育就是偏于情感体验的一种教育，并由此与德育、智育和体育等有相对的差异。如果把美育课程的教学等同于语文课、历史课或者品德教育课，实际上就等于抹杀了美育课程存在的独特价值。

　　在科技迅猛发展的背景下，我们更加深刻意识到：美育不能止步于传授美学知识或提供审美范式，而应当重建人之为人的感知结构，即"丰厚感性"——引导个体进入审美经验之中，在观照世界、体察生活的过程中，积淀情感，涵养判断，进而生成一种与理性交融、富于人文意蕴的感性素养。它不是先验设定的能力结构，而是美育通过教育过程不断培养的结果：既有感性的生动、敏锐与活力，也有文化的深度与情感的厚度。它能够使学生从碎片中识别整体，在表象中洞察意义，在多样中生成判断，从而逐步形成健全的审美能力与人格品格。

因此，我希望高校的美育课程能够为学生们提供更多感受和理解经典艺术的机会，让他们浸润于古今中外的伟大艺术作品，在想象的世界里，找到艺术和生活的乐趣，舒缓内心的郁闷，感悟自然与人生，发现世界和自我，获取奋发前行的激情和激发创造的灵感。希望高校的美育课程能够让同学们逐渐喜欢经典艺术，培养起对经典艺术一生的爱好。

这份教材的修订，体现了编写团队对美育本体问题的持续思考，亦反映了他们在美育教学路径、知识结构与生活世界之间建立有机联系的努力。愿此书能成为更多学子感知世界、涵养心灵的契机，也为新时代高校美育的发展提供一份扎实而诚恳的注脚。

杜卫

2025 年 5 月 31 日

前　言

　　美育是涵养心灵、传承文化的重要途径，也是促进个体与社会全面发展的精神力量。进入新时代，党中央高度重视美育工作，2020 年中共中央办公厅和国务院办公厅印发的《关于全面加强和改进新时代学校美育工作的意见》中指出"美育是审美教育、情操教育、心灵教育，也是丰富想象力和培养创新意识的教育，能提升审美素养、陶冶情操、温润心灵、激发创新创造活力"。美育正逐步从以艺术审美为核心的传统模式，向更加开放、综合的育人实践新模式转变。

　　《大学美育（第 2 版 AIGC 版）》在坚持以美育人、以美化人这一核心理念的基础上，系统优化了内容体系与教学设计，力求在理论阐释与实践引导之间实现有机统一。本书在延续前一版本对经典艺术与人文精神深入解读的基础上，紧扣当前社会文化环境的新变化，注重将人工智能技术发展、生态文明建设、生活审美化趋势等因素融入美育教学之中，拓展了内容的广度与实践性。无论是在快节奏的生活中寻找片刻诗意，还是在数字化的浪潮中理解科技与艺术的结合，本书都通过美育启发学生重新认识世界，感知美的价值与意义，推动美育从课堂教学延伸为贯穿生活与人格养成的综合性教育实践。

　　一、新版亮点——在传承经典的基础上创新并深化实践

　　本书在传承艺术文化经典的基础上，突出美育与日常生活的深度融合，更加关注学生作为学习主体的互动参与及自主思考能力的培养。教材通过多元化的教学内容与实践环节设计，形成了理论与实践相统一、体验与认知相促进的综合性美育教学体系，以期有效推动学生审美素养与创造性思维的协同发展。

（一）聚焦人工智能，探索技术与美的边界

本书首次设立"科艺交融"专题，系统探讨人工智能在艺术创作中的应用与影响，如算法美学、AI生成艺术的价值与争议等。通过进行人工智能创作与传统创作方式的对比，本书引导学生认识和分析技术进步如何推动美学形式的演变与艺术创作可能性的拓展，探讨人工智能技术的发展对美育理念与实践产生的深刻影响，启发学生深入思考技术背景下审美本质的变化及艺术发展的前景。

（二）回归生活实践，重塑美与生活的关系

本书对"生活即艺术"的理念进行了深入拓展，进一步立足于学生日常生活，围绕衣食住行等具体生活领域，强化美育与现实生活之间的内在联系。通过引入居住空间的美学设计、日常物品的审美优化等具有代表性的实践案例，本书引导学生将个人审美经验与审美理论有机结合，培养其从日常细节中发现、理解并创造美的能力，从而有效提高美育教学的实践性与学生的主动参与意识。

（三）增强实践导向，培养审美创造力

本书在教学方式上实现了由以理论讲授为主向理论与实践相结合的转变，更加强调学生在具体情境中的动手实践与互动探索。本书精心设计了如AI绘画创作、日常审美优化、团队艺术策划等多样化的美育实践活动，促使学生在动手中思考、在体验中成长，在增强学生学习兴趣的同时，也进一步提升了学生在审美认知方面的自主探究能力。

（四）从"审美"到"创造"：美育理念的升华

本书强调，美育的终极追求在于激发每一位学习者的创造潜能，使"人人都能创造美"成为可实践的教育理想。本书结合课程引导学生将审美能力内化为创造力，使每个学生都能成为生活中的"艺术家"。这一理念体现了美育从感知到表达、从静态欣赏到动态创造的升华，赋予美育更为丰富的时代意义。

二、新版教材的愿景——开拓新时代美育的新路径

本次改版不仅更新了内容，更在理念上呼应了时代对美育提出的新要求。

（一）内容的情境化

本书以真实生活情境为切入点，围绕学生的日常生活设定教学主题，引导学生在熟悉的情境中开展审美观察与批判性思考。情境化的内容设计不仅加强了美育教学与社会现实的关联，也拓展了学生对美学问题的认识广度与思维深度。

（二）方法的实践化

本书注重实践环节的系统构建，强调理论学习与实践探索的有机结合。通过引入任务驱动、项目研学等教学形式，帮助学生在具体实践中深化对美育主题的理解与反思。实践环节强化了学生的审美体验与认知建构，并促进了审美思维向创造性表达的转化，进一步推动了美育教学方法的深化与创新。

（三）理念的生活化

本书将美育融入日常生活，打破课堂与生活的界限，强调美在生活中的浸润与转化。本书通过引导学生在生活细节中发现美、创造美，培养他们的审美意识和实践能力，使美育成为提升生活品质与促进人格发展的重要力量，让美育真正落地于日常。

三、从生活出发——探索美育的多元场景

本书从当代大学生的实际生活出发，以贴近学生日常的生活情境为切入点，通过对现象与问题的深入探讨，引导学生在真实情境中发现美、思考美、创造美。本书每章的"美的导航"环节都从当下的生活现象入手，提出贴近学生实际的核心思考问题。

- 在快节奏生活中，如何重新唤醒对深层美的敏锐感知，成为真正的"审美的人"？（第一章）
- 如何在碎片化的信息洪流中，通过文学的语言魅力重新获得情感共鸣与思想启发？（第二章）
- 在充满视觉信息的环境中，如何重新发现经典艺术的独特魅力与思想深度？（第三章）
- 表演艺术如何通过声音、动作和影像打破隔阂，真正唤起观众的情感共鸣与文化认同？（第四章）

- 在现代化生活中，如何通过自然之美重新找到人与自然和谐共生的意义？（第五章）
- 在科技主导的时代，技术如何重塑艺术创作的方式？未来艺术的发展可能呈现出怎样的趋势？（第六章）
- 如何通过日常生活中的美学创造，实现艺术与生活的融合，践行"人人都是艺术家"的理想？（第七章）

通过鲜明的生活情境与富有针对性的问题引导，本书有效激发了学生的审美意识与思维能力，促使他们在日常生活中主动发现美、理解美、创造美。本书突破了传统课堂的局限，拓展了美育的时空边界，成为学生认识世界、完善自我的重要路径，也为新时代美育教学提供了可借鉴的实践范式。

四、展望未来——以美引领时代的精神追求

在全球化与数字化加速发展的背景下，审美能力作为个体综合素质的重要组成部分，正日益成为个体理解世界、塑造自我与参与社会的重要支撑。人工智能、虚拟现实、大数据等新兴技术不断重塑人类的感知方式与表达媒介，也对美育提出了新的挑战与任务。未来的美育，将更加注重促进人与社会、人与自然、人与技术之间的深度连接，引导学生在技术主导的环境中保持审美感知的敏锐性与文化创造的主体性。从感知自然之美到探索科技之美，从理解艺术的历史积淀到开拓艺术的创新表达，美育将在文化塑造、人格养成与社会进步中持续发挥不可替代的作用。特别是在人工智能技术深度融入生活与艺术实践的背景下，美育应鼓励学生在欣赏与创造美的过程中，主动反思技术介入所引发的审美变革，深化对美的本质与艺术人文价值的理解。

本书以开放、多元的教学设计，激励学生在美的教育中发现自我、完善自我。愿本书能成为每一位学生感知美、创造美、传播美的起点，助力他们在不断变化的时代中，成就更加丰富、更有意义的人生。

胡 泊

2025 年 4 月

目　录

第一章
向美而生——成为"审美的人"

本章导语

    本章旨在引导学生开启对美的探索之旅，唤醒学生对生活中微妙之美的感知。学生将学习如何在日常生活的细节中发现美，并逐渐理解美不仅在于感官的愉悦，更关乎内心世界与外在生活的和谐统一。因此，美育不仅致力于培养学生的审美能力，更注重帮助和引导学生塑造平衡、健全的人格，从而真正实现"以美育人"。

美育目标

- 理解美育的内涵及其目标；
- 学会运用多种感官在日常生活中发现并感知美；
- 将对美的理解转化为日常的实际行动和表达。

美的导航

　　近年来，短视频平台的兴起改变了人们的日常娱乐方式。那些几分钟甚至几秒的内容，紧紧抓住了我们的注意力，勾起了"再看一个"的欲望。这样一"刷"，就不知不觉地花了几个小时。平台的推荐算法似乎知道我们喜欢什么，不断推送相关内容，让人沉浸在短暂的快感中，欲罢不能。这看似有趣的"快感经济"带来了另一种隐患——审美疲劳。在不断追求快速刺激的过程中，我们的注意力持续的时间变得越来越短，仿佛没有耐心去慢慢欣赏一些细腻、深刻的美。许多人发现，自己越来越难以专注于一本书、一部电影，或者在自然中静静观赏夕阳的美景。美的体验似乎在逐渐被快节奏的生活侵占。

　　面对上述现象，我们不禁要思考：在这个充斥着短暂快感的时代，我们的感官是否已经渐渐失去了对更深层次美的敏锐感知？本章将引领我们从审美的角度重新出发，唤醒我们的感官，帮助我们发现生活中被忽视的美。让我们一起探索如何将美的感知带入每一种感官体验、每一个日常行为，真正成为"审美的人"。

　　结合上述现象，请思考以下问题。

　　1. 你是否曾在无意识中"刷"了几个小时的短视频？这种即时的娱乐给你带来了什么样的体验？

　　2. 当你在"刷"短视频时，是否发现很多内容变得越来越相似？重复的感官刺激是否影响了你发现生活中独特美的能力？请举例分享。

本章慕课

美的漫步

1.1 美的感知：开启审美之门

美的感知是人类与世界对话的起点，是我们的意识与外界事物互动的第一步。从最初的感官刺激，到深入的情感共鸣与理性反思，美的感知为我们开启了一扇通向更深层次审美体验的大门。在此过程中，我们能看到、听到、触摸到美，更能在其中发现生活的意义和世界的奥秘。每个人对美的感知都是独特的，并受到文化背景、生活经验、情感状态等多重因素的影响。然而，美的普遍性也使其成为人类情感和思想共通的纽带。无论是大自然的浩渺风光，还是艺术作品的细腻呈现，美的感知让我们从平凡中窥见不平凡，在日常生活的细节中找到心灵的共鸣。美的感知不仅是外在事物的直观呈现，更是内在情感和理性思考的交织。正是通过美的感知，我们得以触及更深层次的自我和更广阔的世界。

1.1.1 发现美的瞬间

美，自在人类劳动中诞生以来，便一直伴随着我们。从创造文明的工具到表达情感的艺术品，人类在不断地寻找美、追求美、创造美。美不仅存在于我们创造的客观世界中，也深深地融入了我们内在的主观体验。可以说，前者是审美创造，而后者则是审美教育的核心内容。正是因为人类天生热爱美，才使世界变得五彩斑斓，社会也得以进步。然而，究竟什么是美？它是客观事物的属性，还是只存在于我们头脑中的观念？这一直是美学争论的核心。美学理论大致可分为三种观点：客观论、主观论和主客观统一论，如图 1-1 所示。

1. **客观论**

客观论的观点认为，美作为一种独立的存在，不依赖于个体的感知，而是展现于世界的秩序与和谐之中。例如，柏拉图提出"美是理式"，而"理式"是独立于感官之外、超越个体经验的完美形态，它只是永恒地自存；一切美的事物都以它为源，有了它那一切美的事物才称之为美，但是那些美的事物时而生，时而灭，而它却毫不因之有所增，有所减。亚里士多德则进一步指出美的最高形式是秩序、匀称与确定性，其将美

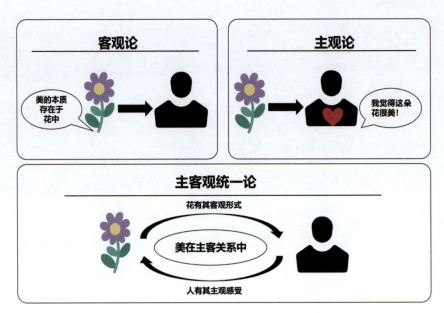

图1-1　美学的主观论、客观论和主客观统一论

与世界的结构和秩序紧密联系。同样，毕达哥拉斯学派在数的和谐中寻求美，通过数与比例揭示自然界的规律性美。希腊的帕特农神庙（见图1-2）便是这一美学理论的完美体现。这座神庙的设计遵循黄金比例，确保每个部分之间的和谐统一，其建筑形式不仅表达了古希腊人对美的感知，也通过精确的几何比例与对称法则，体现了自然与理性的和谐统一。

图1-2　帕特农神庙遗址

2. 主观论

17、18 世纪英国的经验主义美学家们认为，美是一种主观判断，这意味着美是对一个人的感受的陈述，而不是物体的品质，这与柏拉图和亚里士多德的观点形成鲜明的对比。如夏夫兹博里曾言，一旦眼睛看到形象，耳朵听到声音，美立即就产生了。休谟则提出，美不是事物本身的属性，它只存在于观赏者的心里。不同个体对同一事物的审美判断可能各异，因为对美的体验根植于个体的情感和经验，而非外在事物本身的性质。同样持主观论观点的还有德国美学家费肖尔。他的"移情说"提出，人们可以将自己的思想和感情投射到审美对象上，使对象具有情感和审美色彩。"移情说"与中国传统文化艺术中的"以景寄情""托物言志"等手法也有相似之处，如清代郑燮的《墨竹图轴》（见图 1-3）。

图 1-3 ［清］郑燮《墨竹图轴》

竹子是中华优秀传统文化中的重要意象，象征着高洁、坚韧的品格。郑燮在画作中，将自己的内心情感和对人生的思考投射到竹子上，借此抒发内心的情怀。这是"托物言志"的手法，其与主观论美学中的"移情说"在艺术创作中有相通之处——通过移情，艺术家将自己的思想与情感注入到了竹子等物象中，使得这些物象具有了情感色彩和美学价值。对于观者而言，这幅画不仅仅是对竹子的视觉描绘，更是一种观者与作者的情感共鸣。通过观赏《墨竹图轴》，我们在感受画中物象形态美的同时，更

大学美育(第2版 AIGC版)

能从中体会到郑燮的内心世界。这种共鸣正是移情的效果——观者将自己的感受与艺术家的情感相融合，从而对画作产生更深的理解。

美学之父鲍姆加登提出美是感性认识本身的完善，这一理论将美与人类的感知能力紧密相连，强调通过感官体验加深我们对世界的理解。这意味着，美不仅仅是主观的情感流露，它也通过我们的感知，逐渐走向理性理解。黑格尔进一步认为美是理念的感性显现。黑格尔强调，美不仅仅停留在感官上的愉悦，它是一种通过感性形式展现深刻理念的方式。理念并非抽象的，而是可以通过现实的、可感知的形式表现出来的。为此，黑格尔引用了一个日常生活中的例子：一个小男孩向池塘投掷石子儿，当他看到水面荡漾的涟漪时，产生了一种创造性的成就感，甚至觉得这是自己的"杰作"。在这个例子中，小男孩感受到的并不仅仅是水面上涟漪的视觉效果，而是通过这种行为体验到了自己对自然的影响，进而感知到自身的创造力。男孩收获的体验超越了单纯的视觉愉悦，体现了人类对自身力量的觉察与理解。

3. 主客观统一论

我国著名美学家朱光潜先生主张主客观统一论。他认为美既不完全存在于客观事物中，也不只是主观心灵的产物，而是存在于心与物的关系中。他以"花是红的"与"花是美的"为例，前者属于科学的范畴，是客观的事实；而后者则属于审美的范畴，表现为主客观统一的审美体验。"红"是花的客观属性；而"美"需要心灵的介入，是人在与物产生关系后得出的审美判断。

从这些美学理论出发，我们可以看到，独特的美既扎根于客观世界的秩序与和谐之中，也通过我们主观的感知、情感和认知形成。审美体验是一种复杂的过程，它既需要主体的情感参与，也依赖于客体本身的秩序与和谐，二者缺一不可。无论是自然风景还是艺术作品的创造，主客观之间的动态交互正是美的核心所在。

⑪⑪⑪⑪ 思辨交流

1. 学习了三种美学理论后，谈一谈，你认为什么是美？

2. 以《蒙娜丽莎》为例，分别尝试用主观论、客观论、主客观统一论进行审美分析，思考为什么人们对美的认知会有所不同？

3. 不同文化背景下，人们对同一事物的审美标准差异显著，这体现了三种美学理论中的哪种观点？为什么？

6

1.1.2 从感性到理性的审美过渡

审美的旅程往往从感官的愉悦开始。然而，真正深入的审美体验不仅仅停留在感性的层面，还需要通过理性的思考与分析来加深我们对美的理解。在感性层面，我们通过视觉、听觉、触觉等感官体验到世界的美妙，然而，审美并不止于此。正如杜威指出的，审美的真正价值在于它是一个由感性到理性逐渐有机融合的过程，这种转变能够帮助我们理解美的更深层次含义。

现代神经科学的研究进一步揭示了这一审美过渡的生理机制。当我们感知到美时，大脑的奖赏系统首先被激活，进而产生愉悦感，这是感性体验的基础。而随着理性思考的介入，大脑的前额叶皮层等高级认知区域开始参与审美的判断和分析。这表明，审美并非单一的情感反应，而是一个结合感官体验、反应情感与理性思考的复杂过程。在这一过程中，感官与理性协同作用，使我们不仅能够感知美，还能够通过理性思考赋予这种美更深刻的内涵。

例如，当我们在欣赏《蒙娜丽莎》时，最初的视觉冲击可能来自色彩和构图的美感，但在进一步思考时，我们会开始分析画中的主题内涵、画家的创作意图，以及这幅画作在艺术史中的地位。这时，我们不仅仅是在"观"画，更是在理解和思考美的多层次含义。观画时的审美动态过程如图 1-4 所示。

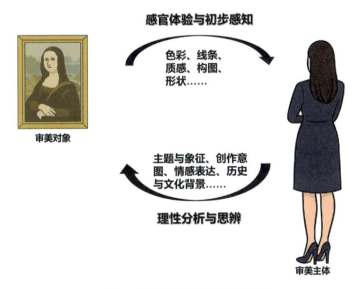

图 1-4 观画时的审美动态过程

理性的审美认知并非要削弱感性的体验，而是通过对美的分析与思辨，增强我们对美的全面把握。例如，当我们聆听一首音乐时，最初的感受可能来自旋律的优美或节奏的欢快。而通过理性的思考，我们可以进一步探讨这首音乐的创作背景、音乐家的情感表达方式，以及它所反映的社会文化背景。因此，审美的升华并不是单纯的感性体验，而是一个从初步感知到深度反思的动态过程。理性的参与不仅增强了感官愉悦的深度，还使美的体验具有更丰富的思想内涵。这一从感性愉悦逐渐走向理性洞察的过程，帮助我们形成对美的深刻理解与体验。

美与生活

齐白石，一位农民出身却成长为艺术大师的传奇人物，他的艺术风格从早期的写实逐渐转向后期的写意，是一个从感性到理性过渡的典型案例。早年，他通过细腻的笔触描绘自然景物，尤其擅长工笔画，能够将花鸟虫鱼的每个细节表现得惟妙惟肖。然而，随着艺术经验的积累，齐白石开始思考，艺术的价值不在于精确的再现，而在于传达情感和精神。他著名的《虾》系列（见图1-5）就是这种转变的代表作。最初，他画虾时会注意每只虾的虾须、虾壳的细节，所画的虾极其逼真。但到后来，他用简练的几笔就能捕捉到虾的神韵，线条简单，却充满了生命力。齐白石用他的作品告诉我们，艺术的核心不在于"像不像"，而在于"神似"——通过最简约的方式，表现最深刻的美。

图1-5 齐白石早期与晚期作品对比，上图为早期作品，下图为晚期作品

仔细阅读并思考以下问题。

1. 齐白石通过简化画风，表达了对生命本质的深刻理解。在你的生活中，是否有过类似的经历，通过化繁为简，发现事物真正的美？当你面对复杂的专业知识时，是否可以通过简化重点来理解知识的核心？

2. 你认为在艺术创作或生活中，是否总是越复杂越好？是否有时候简单的表达反而更能打动人心？试想一下，在生活中，我们是否可以通过"简化"来寻找真正的美？

1.2　美育的本质：以美育人

美育，即审美教育，旨在培养受教育者认识美、欣赏美、创造美的能力，是全面提升个体综合素质的关键途径之一。在精神文明建设中，美育对于构建大众精神世界、培育社会良好风尚、提升社会整体审美水平有重要的作用。美育的价值在于提升人的审美素养和能力，在和谐中促进人的感性和理性的统一，进而激发创新创造的活力，塑造健全的人格。通过美育，人们不仅学会如何欣赏和创作美，更在此过程中形成对善与美的认知，推动心灵的升华与道德的完善，使个体的精神世界得以丰富，思维和行为在潜移默化中受到影响，最终实现从外在的审美到内心的道德自觉的转化。这正是美育的本质所在：以美育人，通过美的力量塑造更具责任感及道德感的完整人格。

1.2.1　何为美育

美育，又称作"审美教育""美感教育"，其概念源自人类对美的体验、感知与教育功能的探讨。词源上，美育的英文"aesthetic"源于希腊语，意为"感知"或"感受"。这一词汇最初用来描述人类通过感官与外界事物进行互动，后来逐渐发展为对审美体验的描述。在古希腊时期，诸如柏拉图和亚里士多德等的哲学家便已开始探讨美的本质及其与伦理、教育的关系。柏拉图提出美与善的统一观，认为通过美的体验可以促使人们趋近善的理念；亚里士多德则强调美的秩序与和谐，认为美在道德养成中具有重要作用。尽管这一时期关于美与教育的思想已具雏形，但"美育"作为独立的教育理念与系统理论，尚未正式形成。

美育作为一个明确的教育概念，真正开始于18世纪德国的启蒙运动，特别是在席勒的《审美教育书简》中得到了系统的阐述。席勒的美育理论是对启蒙思想的反思和升华，他认为人类社会的发展应当超越单纯的理性和功利主义，注重美的体验与艺术的培养，以平衡感性与理性之间的张力。席勒在《审美教育书简》中提出，现代社会充满了理性和物质主义的束缚，人类需要通过美的教育来实现内心的自由与和谐。他认为，美育不仅仅是审美能力的培养，还包括情感的升华与道德的提升。通过美的体验，人们能够在感性和理性之间找到平衡，达到一种理想的审美状态，从而实现人格的自由全面发展。

随着19世纪末和20世纪初我国思想界的变革，西方的美育理论逐渐被引入我国。蔡元培是我国近代美育的倡导者和奠基人之一，他主张将美育纳入教育体系，提出

"以美育代宗教"的思想。蔡元培认为，美育能够超越宗教，通过艺术与审美的培养来净化心灵，提升民族素质。蔡元培曾提出著名的"美育救国"主张，强调通过美的教育来促进个体的全面发展，改善社会风气，并推动国家的进步与富强。他认为，美育是德育、智育、体育之外的重要教育内容，能够帮助学生培养健全的心智和完善的人格。

对于美育的本质，蔡元培先生认为："美育者，应用美学之理论于教育，以陶养感情为目的者也。"这句话揭示了美育与美学的内在联系：美育是审美与教育结合的产物，美学则是美育的理论基础。美学与美育的关系及对比如图1-6所示。掌握美学知识不仅能够减少美育过程中的盲目性，还能帮助教育者在实施美育时更具自觉性。与此同时，美育也为美学理论提供了实践的场域，美学的研究只有通过美育的实践才能得到检验和发展。换言之，美学的宗旨和目的最终需要在美育的实际操作中得到体现。

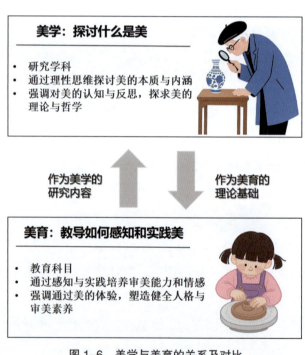

图1-6　美学与美育的关系及对比

虽然"美育"的概念来自西方，但我国具有悠久而丰富的美育传统，而这种美育传统甚至居于中华优秀传统文化的重要地位，与我国的人生哲学紧密相关，是中华优秀传统文化中"修身"的核心组成部分。我国的美育思想传统是自古以来一直延续到今天的一种育人之道和文化精神。现如今，美育是一种通过对美的体验、感知与理解，来培养人的情感、思维、审美能力的教育方式；其通过具有艺术感的自然景观、日常生活中的美好事物等，引导学生感受美、理解美，进而提升他们的情感素养与精神境界。美育不仅能培养感官的敏锐度，还能够培养学生的审美判断力，使其在面对复杂的社会和文化现象时，能够从美的角度做出更高层次的思考与选择。简而言之，美育的内容概括来讲包含三个层面：第一，美育是德、智、体、美、劳"五育"融合的综合教育；第二，培养受教育者认识美、爱好美、创造美的审美能力；第三，最终达成人的心灵美和行为美的目标。

1.2.2　为何美育

美育之所以重要，根源在于美的力量能够直抵人心，丰富情感、启迪思维和塑造人格。与单纯的知识教育相比，美的体验通过感官直接作用于个体的情感层面，唤起共鸣并激发深刻的反思。美育不仅能培养审美能力，还能通过美的感知与体验，帮助人们内化善与美的价值观，促进人的全面发展。

1. 陶冶情操、温润心灵

美育能够通过艺术美、自然美和生活中的美好事物，陶冶人们的情操。西方的席勒在《审美教育书简》中探讨了美育的关键作用。他认为通过美的体验，人类能够在感性与理性之间取得平衡，从而实现心灵的自由与人格的全面发展。我国古代的孔子则强调美与德行之间的联系。他在《论语》中提出："兴于诗，立于礼，成于乐。"，即通过诗、礼仪和音乐的美育，能够培养人的情感素养和德行。孔子认为，美的教育能够使人们在生活中获得情感的陶冶，从而达到精神上的和谐与充实。

孔子对"乐"的重视尤其突出，他认为音乐不仅仅是感官的享受，更是提升德行和情操的工具。在这一理念下，音乐成为古代礼乐教化的核心部分，这反映了孔子所强调的"成于乐"的美育思想。这一思想不仅在古代教育实践中被广泛应用，还体现在诸多礼乐器物上，其中尤以曾侯乙编钟（见图1-7）为代表。曾侯乙编钟是战国时期的一套大型青铜乐器，音域宽广、音质优美，象征了礼乐文化在我国古代社会中的重要地位。编钟不仅用于雅乐演奏，更是国家礼仪的重要组成部分，可帮助人们通过音乐感受到和谐与秩序之美。这种音乐不仅是一种艺术形式，更是一种通过美育陶冶情操、培养德行的实践。

图1-7 ［战国］曾侯乙编钟

2. 培养批判性思维与创造力

美的体验并非只是感官的被动反应，更伴随着对美的探索和思考。正如杜威在《艺术即经验》中指出的，艺术不仅是人类表达思想与情感的途径，还能在体验与创作中激发个体的创造力与批判性思维。通过对艺术作品的欣赏与创作，美育引导学生在思索与体验中提升创新能力。这种思维的创新不仅限于艺术领域，还能够延伸至科学、技术等多个领域，助力学生的全面发展。

一个经典的例子就是物理学家阿尔伯特·爱因斯坦。他不仅在科学领域卓有成就，同时也是一位热爱音乐、精通小提琴的艺术爱好者。爱因斯坦在科学探索中，时常通过音乐获得灵感与突破。他多次提到，音乐帮助他达到一种非线性思维的状态，让他能打破传统的思维框架，找到科学问题的创新解法。例如，在思考广义相对论的复杂问题时，他常常会停下来演奏一曲莫扎特，通过沉浸在音乐的美感中，他重组思路，打破惯性思维，从而创造性地提出全新的理论。

这正是美育在激发创造力方面的强大力量。在音乐中，爱因斯坦不仅仅体验到感官的愉悦，更获得了一种超越语言的感性体验，而这种体验使他的理性思考更加开放。这不仅是感性带来的享受，更是一个打破常规、探索未知的创造性过程。这个例子生动说明了，美育不仅在审美中培养感性思维，还通过审美引导理性思维的突破与延展，成为培养批判性思维和创造力的关键力量之一。

3. 以美育德

美育对道德教育有不可替代的作用。康德在《判断力批判》中提出，美的体验能够唤起人们对道德的感知，促使人们走向善。孟子也曾提出"以德为美"的观念，认为美不仅仅是感官的愉悦，更是道德的体现。孟子主张美的教育应当引导人们通过审美体验来内化道德修养，塑造正直的人格。美育因此不仅仅培养个体的审美能力，更通过美的感知，使个体在道德层面得到升华。

这一点在我国传统艺术中有生动的体现。例如，《二十四孝图》便是一组将道德教育与美的体验紧密结合的经典作品。该作品通过一系列关于孝道的画作展现古代孝子的美德，其画面不仅传递视觉上的美感，更让观者在欣赏艺术的过程中感受到中华优秀传统文化中的伦理观念。孝子们对父母的尽心奉养，通过艺术形象表现出来，赋予了道德美以具体的视觉形式。《二十四孝图》正是"以德为美"观念的具体呈现，通过对孝行的描绘，艺术不再只是感官的愉悦，也成为引导观者向善、内化道德修养的工具。通过审美体验，个体在享受美的过程中自然地接受了道德教育。这正是美育不可替代的价值所在。图 1-8 为《二十四孝册——王祥卧冰求鲤》。

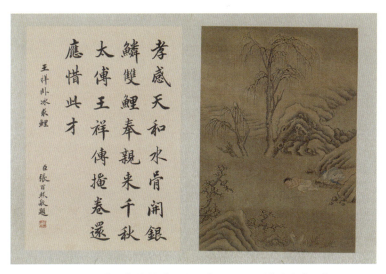

图 1-8　［明］仇英《二十四孝册——王祥卧冰求鲤》

通过美的教育，个体能够在审美的过程中感受到善的力量，自发地去追求更高的道德标准。美育通过美的感染力，使道德教育更加生动、深刻，帮助个体形成更加完善的道德人格。美育不仅是感官的享受，更是情感、思维和道德的全面培养。美是一种不涉及功利的愉悦，它引导人们追求更高的道德和精神境界。通过美育，个体不仅成为具备审美能力的人，更能通过美的视角与实践，改善生活水平、推动社会进步。因此，美育在现代教育中被视为不可或缺的重要组成部分，其不仅能使个体得到成长，还能进行美的传播与实践，推动社会和谐进步。

1.3　美育的目标：成为"审美的人"

美育的最终目标，是帮助个体成为"审美的人"，即成为能够感知美、理解美并创造美的人。马斯洛的需求理论指出，在满足了生理和安全需求后，人类会追求更高层次的需求，如审美需求与自我实现需求。审美需求不只是简单的感官愉悦，而是一种更深层次的精神追求，它象征个体在自我实现的过程中，要实现对美的认知、情感和创造力的全面发展。正是在这个层次上，个体开始通过对美的体验来实现内外的和谐，寻求心灵的升华与精神的圆满。马斯洛需求层次理论如图1-9所示。

图1-9　马斯洛需求层次理论

成为"审美的人"不仅意味着我们要具备欣赏艺术的能力，更重要的是，在生活的每个细节都能以审美的眼光看待世界，并通过行动展现对美的追求。美育通过培养感知力、情感共鸣、理性思维及创造力，使个体能够在情感上与美产生深刻的联系，并将这种内在的体验转化为日常生活中的实际行为，从而实现内外统一的审美人格。一个真正的"审美的人"，不仅能够在艺术作品中发现美，还能够在日常生活中用美的标准规范自身行为。这种内外的统一，既体现了美在情感、思想层面的深远影响，又展示了美的教育如何通过内化的审美感知塑造我们的行为与价值观。

因此，美育不仅仅在于培养感官的敏锐度，还在于引导个体将美的理念融入日常的行为中，使他们能够在生活的每一处展现出对美的理解与创造。正如马斯洛指出的，个体在达到自我实现的层次后，不仅追求内心的和谐与自我价值的实现，还通过美的创造与传播，积极影响周围的世界，进而在社会层面产生更深远的审美文化效应。通过美育，个体不仅实现了自我价值的最大化，还能够引领社会的审美提升，使得审美成为一种广泛的文化力量。这种内外兼修的审美人格，不仅是个体全面发展的标志，更是美育对整个社会的贡献。在这个过程中，审美不仅仅是个体的追求，更是一种能够推动文化与社会发展的重要力量。

1.3.1 审美的人格：情感与理性的融合

审美的人格塑造依赖于情感与理性的深度融合，这种融合使个体能够通过美的体验形成平衡、成熟的内在品质。美育不仅是培养个体对美的感知力，更是通过美的体验帮助个体将情感陶冶与理性思考结合起来，从而塑造更加全面的人格特质。这种融合既能提升个体的情感敏感度，使他们更加体贴、富有共情心，同时也能增强理性的深度思考能力，使他们在面对复杂问题时能够保持清醒与冷静。

在情感层面，审美体验往往带有强烈的情感冲击力。无论是欣赏一首悠扬的乐曲，还是沉浸于一幅动人的画作，个体在这一过程中感受到的不仅仅是感官的愉悦，更是一种内心的共鸣。这种共鸣帮助他们打破个体与外界的隔阂，使他们更容易与他人、与世界产生情感上的连接。例如，一曲悲伤的音乐可能引发我们的同情心，而一幅描绘自然美景的画作则可能激发我们对自然和生命的珍视。在美的体验中，个体的情感得以升华，变得更加细腻、丰富和敏感。

然而，审美的人格不仅依赖于情感的陶冶，还需要理性的引导。情感本身往往是非理性的，甚至是不可控的，但理性的介入能够为这些情感提供框架，使其更加有序与和谐。通过理性思考，个体能够从美的体验中提炼出对生活的深刻理解。在这一过程中，个体不仅能感知美，还能通过对美的反思找到其中的规律与意义。例如，当欣赏一幅描绘人生无常的艺术作品时，个体可能会思考生命的脆弱与价值，从而形成对生活更为深刻的认知。

情感与理性的融合是审美人格的核心所在。这种融合能够帮助个体在面对生活的各种挑战时表现出从容与稳健。他们既不会因为情感的波动而失去理智，也不会因为过度理性而忽略情感的温度。通过美育，个体学会了如何在情感与理性之间找到平衡，从而塑造一种更加成熟与和谐的审美人格。这种人格不仅体现在他们对美的感知与创造中，还反映在他们对生活的态度和行为方式上。最终，审美的人格是一种兼具深刻情感体验与清晰理性思考的人格，它能够帮助个体在复杂的世界中保持内心的平静与智慧。这种人格的培养，不仅让个体在精神上得到提升，还能够影响他们周围的人与社会，从而营造更为和谐与美好的生活方式。

1.3.2　审美的实践：创造美、传播美

审美不仅仅指感知和理解美，它还包含一个重要的实践性内涵，即如何在日常生活中创造美，并将美传播给他人。美育的一个重要目标是培养个体成为美的创造者和传播者，使得美不仅仅停留在个人的内心世界，而是通过具体的行动和创造活动被分享和传递，从而影响和改善周围的环境。

1. 创造美

创造美是一种积极的实践活动。无论是通过艺术创作、设计，还是日常生活中美的塑造，个体通过自己的创造力，将内在的审美体验转化为外在的美的呈现。艺术创作是创造美最集中而高效的方式，它通过独特的表达形式，传递复杂的思想与情感，激发观者的共鸣。但美的创造并不局限于艺术领域，它可以体现在生活的方方面面：从个人的衣着打扮，到居住环境的布置，再到公共空间的设计与优化等。每个人都可以通过自己的创造力，参与到美的建设中，使美成为日常生活的一部分。

美育正是通过培养个体的审美素养，使他们不仅能够欣赏艺术创作中的美，还能激发自己的创造力，去表达个人独特的审美。艺术创作的过程不仅锻炼了个体的动手能力与想象力，也帮助他们在不断尝试与完善中感受创造的喜悦与满足。这种由内而外的创造活动，将内心的审美体验转化为具体可感的外在形式，从而实现了个人与世界的深度连接。

美与生活

凡高的《向日葵》系列展现了他对自然的极致热爱。虽然这些花朵在外形上看似简单，但通过凡高的笔触与色彩设计，这些花朵被赋予了强烈的生命力。凡高的创作体现了艺术家如何通过色彩与构图创造饱含情感的美，并通过作品向他人传播这种美。1888 年凡高所创作的《十五朵向日葵》如图 1-10 所示。

图 1-10 ［荷兰］文森特·凡高《十五朵向日葵》

阅读并思考以下问题。

1. 凡高的《十五朵向日葵》如何表达他对生命的理解？是什么让这幅看似普通的花卉画作引发如此强烈的情感共鸣？

2. 从你身边选择一件对你来说比较重要的物品，用绘画或文字表达你对它的特殊情感。并思考为什么这件物品对你很重要？它如何影响了你的生活？

2. 传播美

传播美同样是审美实践的重要组成部分。美不应仅仅是个人的享受，而应通过分享和传播，使更多的人感受到美的力量。通过创造美和传播美，个体不仅提升了自己的生活质量，还为周围的人和社会带来了积极的影响。在这一过程中，个体不仅是美的接受者，更是美的贡献者和传播者，这种双重角色体现了美育在培养创造力、责任感和社会参与意识中的重要作用。

审美的实践不仅仅是个体对美的体验与创造，更是其对社会和他人的贡献。通过创造美和传播美，个体不仅能够在自身生活中注入审美理念，还能够将这些理念外化为具体的行动，从而对他人和社会产生深远的影响。每个人都可以通过自己独特的方式参与到美的创造中，无论是家庭环境的布置，还是个人风格的体现，个体都能够通过审美实践将美的理念融入日常生活。当这种创造被分享和传播时，美的影响力就会成倍扩大，从而带动更多的人关注生活中的美好事物，提高他们的生活品质和精神追求。因此，审美的实践不仅仅是个人自我表达的方式，它还具有广泛的社会影响力。通过创造美、传播美，个体不仅能够改善自身的生活，还能够积极地影响他人，将美育的作用扩展到社会层面，推动社会向更高的审美境界迈进。

美的经典

《放牛班的春天》（图 1-11 为其中文版海报）是一部 2004 年上映的法国电影，讲述了一位新任音乐教师克莱门特·马修在寄宿学校中，通过音乐教育改变一群问题少年命运的感人故事。影片中的学校管理严厉，学生们的内心充满反抗与绝望。然而，马修老师通过创办合唱团，用音乐打开了孩子们封闭的心灵，成功唤醒了他们对美与生活的热爱。

图 1-11 《放牛班的春天》中文海报

电影通过优美的合唱音乐、真挚的情感表达，展现了艺术教育如何改变个体的内在世界，启发他们发现自我潜力，追求美好的生活。影片中的音乐不仅仅是艺术表现的手段，更是师生之间情感交流的桥梁，最终引领孩子们走向心灵的觉醒与成长。《放牛班的春天》巧妙地展现了美育的力量——它不仅能引导学生的行为，更能使他们内心的温柔、善良与潜能得以释放。这部影片生动地诠释了美育在塑造人格、引导人生方向中的重要作用。

美的探索

1. 在《放牛班的春天》中，音乐唤醒了学生们内心深处的情感和希望。结合本章内容，你认为美育如何通过艺术形式唤醒个体的情感觉醒？生活中的哪些艺术体验曾唤醒过你的情感？

2. 马修老师通过音乐教育改变了孩子们的人生态度，帮助他们成为更有希望、更具美感的人。结合本章的"审美的人"概念，你认为电影中的哪些情节最能体现美育对人格的塑造？你如何理解成为"审美的人"？

美的实践

1. 回想你在日常生活中感到惊艳的一个瞬间，可能是晨光洒在窗台上的柔和光影，也可能是某次散步时的宁静与微风。用简练的语言描述这个场景。

2. 使用 AI 图像生成工具，输入文字，生成一幅展现这一惊艳瞬间的视觉作品。你可以根据需要调整关键词，直至作品与心中的美感相符。

3. 为你的作品取一个能表达你感受或想法的名称，并在小组中展示，分享你为什么选择这个瞬间，以及 AI 生成的结果是否符合你对美的期待。

第二章
字里行间——文学的力量

本章导语

　　本章旨在引导学生领略文学作品中的美感与思想深度。作为艺术的核心形式之一，文学不仅传递情感和思想，更以其独特的表达方式揭示人性、历史和社会的丰富面貌。在探讨诗歌的情感共鸣、小说的叙事艺术时，学生将逐步领悟文学如何以内容和形式激发思想与情感的共鸣，感受文字的力量，进而深刻体会到文学是人性与情感的真实映照。

美育目标

- 掌握不同文学体裁的核心特点；
- 学会发现文字中的情感力量与思想深度；
- 尝试通过文学创作表达个人的思想与情感，体会在文字中传递美的过程。

美的导航

在当今社交网络盛行的时代，碎片化阅读不仅改变了我们的阅读方式，还影响了我们深入思考和表达的能力。当我们面对美好事物时，似乎常常陷入语言贫乏的困境，甚至会感到"失语"：面对震撼的景象或感动的瞬间，最终仅以"好美""好棒"这样的简单语句匆匆带过，而没有深入的情感表达和丰富的语言修饰。点赞、表情包、简短评论等社交平台的互动方式代替了过去更为深刻的抒发方式。尽管这些互动方式快捷，但情感表达也因此逐渐零碎化，缺乏深度。

社交网络在便捷地传递信息的同时，也让我们的表达趋于单一化。与此同时，对文学作品的欣赏也受到碎片化阅读的冲击。我们可能在快速浏览中错失了作品核心情感的传达，忽略了其思想的深邃，使人与文学作品的真正联系变得浅薄。这种现象不仅削弱了我们对文学的欣赏能力，也让我们失去了通过文学来探索更深层次情感和思想的机会。

文学的真正力量在于，通过凝练的语言、精练的表达，将我们引入一个广阔且丰富的世界。本章将带领我们深入探讨诗歌与小说的艺术，通过赏析不同体裁的文学作品，重新激发对生活、人性及自我的深层思考与感悟。

结合碎片化阅读和"失语症"等现象，请思考以下问题。

1. 你是否发现，社交网络上越来越多的人用简短的语句表达复杂的情感？这种趋势对我们欣赏文学作品的能力有什么影响？

2. 随着 AI 技术的发展，写作变得更加高效，甚至能让人感到"下笔如有神"。这种利用 AI 技术生成的文学作品是否还能保持传统文学的艺术价值和独特魅力？人类创作的情感深度与独创性，是否会因 AI 的介入而逐渐削弱？

本章慕课

美的漫步

2.1　阅读：与文学的美好邂逅

　　走进文学的世界，犹如开启了一段探索人生、文化与思想的旅程。每一次阅读，都带领我们跨越时空，进入一个丰富多彩的精神世界。文学的力量并不总在于情节的跌宕起伏，也在于它静默地触及我们的内心，唤醒深埋的情感与记忆。一首简短的诗，寥寥数行，可能在不经意间引发深刻的情感共鸣；一篇朴素的文章，虽字句平实，却以其思想的深度促使我们重新思考日常生活中的细微之处，拓展我们对世界的理解。文学让我们透过文字的表达，体验他人的人生、情感和思想。它不仅揭示外在世界的面貌，还深入挖掘内心的隐秘角落，帮助我们更好地理解人性与自我。在他人的故事中，我们往往能找到自身的影子。那些未曾亲历的情感波澜与思想碰撞，透过文学的展现，使我们获得了超越时空的体验与启示。文学的力量不仅仅在于它的内容，更在于它带给我们的思考与感悟，帮助我们从更广阔的角度审视生命与世界。

　　诗歌通过韵律、节奏来抒发思想情感和反映社会生活。杜甫的《春望》以沉郁顿挫的诗句表达了他对国家命运的深深忧虑和对家园的思念，体现了中国古代诗歌通过语言的凝练与意象的丰富性来传达复杂情感的能力；而莎士比亚的十四行诗则通过短小的诗行探讨了时间、爱情和永恒这些人类普遍关心的主题，其深刻的情感内涵至今仍能引起读者的共鸣。小说也通过其独特的叙事手法深刻探讨人性与社会。托尔斯泰的《战争与和平》描绘了个人与历史、战争与和平的复杂交织，展现了宏大时代背景下的人类命运；《红楼梦》则通过对家族兴衰的描写，探讨了封建社会中复杂的人际关系与个人波折的命运。无论是诗歌还是小说，都通过各自的体裁与手法，传递了人类普遍的情感与智慧，帮助读者在不同的文化与时代背景下找到共鸣。

　　美国文艺学家 M.H. 艾布拉姆斯在其著作《镜与灯：浪漫主义文论及批评传统》中提出了著名的文学四要素理论。他认为，文学作为一种活动，始终由作家、作品、世界与读者四个要素构成，如图 2-1 所示。在这一模型中，作家是文学的创造者，他们的思想、经历与个性在作品中得以体现。无论是通过诗歌的意象，还是通过虚构的故事，作家通过作品表达他们对世界的独特感知。作品作为作家表达思想与情感的媒介，不仅是语言与形式的艺术载体，更是作家与现实世界之间沟通的桥梁。世界作为文学的背景，可以是现实中的具体存在，也可以是作家内心构建的幻想空间。无论是描绘历史事件、社会现实，还是建构虚拟的时空，作品中的世界始终与作家和读者互动，成为理解作品深层内涵的重要维度。

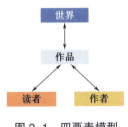

图 2-1　四要素模型

最后，读者是文学活动的完成者。作品只有通过读者的解读和感受，才能获得新的生命。不同的读者基于各自的经验与文化背景，与作品展开对话，从而在文学中发现属于自己的意义。这种读者与作品之间的互动，不仅丰富了作品的解读维度，也使文学的影响力超越个体，扩展到整个文化领域和社会。正如艾布拉姆斯所言，文学如同一面镜子，映照出现实世界的复杂性；同时，它又如一盏灯，照亮我们内心的情感与思想。作家通过作品展现世界，读者通过阅读探索自我。在这条由文字铺就的道路上，文学成为我们洞察世界、理解人性的工具，也成为激发情感共鸣、启迪智慧的强大艺术形式。

·||·||·||·|| 思辨交流

在《文字的力量：文学如何塑造人类、文明和世界历史》一书中，马丁·普克纳分析了文学发展的四个关键阶段，每个阶段都在塑造人类思想与文化方面发挥了重要作用。

第一阶段：经典文本的形成。这一阶段以《希伯来圣经》和《伊利亚特》为代表，它们不仅是文学的瑰宝，也是宗教和文化的重要基石。这些经典文本通过口耳相传，逐渐成为影响后世道德观念与价值体系的重要作品。

第二阶段：教师文学的兴起。教师文学的代表人物有孔子、佛陀、苏格拉底和耶稣。这些代表人物通过面对面的对话与教学，传播了新的思想与观念。孔子的《论语》便是这一阶段的经典，它不仅反映了孔子及其弟子对道德与社会和谐的思考，还为后世文学奠定了思想基础。

第三阶段：独立作者的出现。文学创作变得更加个性化。我国的《红楼梦》与日本的《源氏物语》便是这一阶段的代表。它们在继承经典的基础上进行了形式和内容上的大胆创新，创立了长篇小说这一新的文学体裁。

第四阶段：大众文学的时代。印刷术的广泛应用使文学进入大众化阶段。通过印刷术将文学传播到更广泛的读者群体，使文学成为普通人生活的一部分。大众文学的兴起，不仅丰富了文化生活，还推动了社会进步与思想解放。

文学在这四个阶段中不断演变，反映了人类思想的变化与文化的积累。通过文学，我们得以与过去对话，理解人类的共同经验，并探索未来的可能性。

仔细思考并讨论以下问题。

1. 在今天的信息化时代，文学如何继续发挥其在文化发展和思想塑造中的作用？

2. 互联网对文学及其创作产生了怎样的影响？文学是否有新的发展方向？

2.2　诗歌：凝练的语言与情感的共鸣

文学是在人类文明发展过程中逐渐孕育和产生的。它的形成犹如一棵树的生长，需要经历一个不断发展的过程。文学大家族中不同体裁样式也是逐渐发展起来的，最初是诗，后来逐渐产生了散文、小说等新的样式。诗，作为最为精练的文学形式，以其高度浓缩的语言和丰富的情感表达而著称。它源自早期人类的劳动生产与祭祀活动，通过韵律、节奏和象征手法捕捉人类对于情感、自然、社会的深刻体验。在古时候很多诗是可以歌唱的，诗常和音乐、舞蹈结合在一起，因此，其亦被称为"诗歌"，其主要特点包括简洁、寓意深远、象征性强，能够在极短的篇幅中传达复杂而深邃的情感。古代人们通过诗歌的吟唱传递情感、记录历史，体现了语言、韵律与情感的高度结合。诗歌被认为是文学最初的起源，不过无论在我国还是在西方，最早研究文学的科学都叫"诗学""诗论"，即以对文学中最早发生的诗歌这一体裁的研究来统领对整个文学的研究。

2.2.1 诗有三义

据闻一多先生考证，在汉语中，"诗"字有三个含义：一记忆，二记录，三怀抱。这三个意义正代表诗功能发展的三个主要阶段。

1. 记忆

按照闻一多先生的观点，"诗"在最初阶段是为了"记忆"：诗之产生本在有文字以前，当时专凭记忆以口耳相传。诗之有韵及整齐的句法，不都是为着便于记诵吗？所以诗有时又称诵。这样说来，最古的诗实相当于后世的歌诀，如《百家姓》《四言杂字》之类。在我国，《诗经》作为诗歌的最早代表之一，正体现了诗歌与"记忆"这一功能的紧密联系。《诗经》中的诗篇不仅表达了情感，更通过押韵和节奏使文化和历史得以代代相传。例如，《诗经》中的《关雎》，通过简练的语言与整齐的句式，不仅生动表达了爱情的细腻，还使得其内容更易于记诵和传播。诗的这种韵律与整齐的句法正是为了便于记忆，符合闻一多所提到的"诗"的最初功能。

2. 记录

"记录"作为诗歌的第二个功能，体现在诗歌从口耳相传逐步转向通过文字来记录历史、文化、社会现实及个人经历的变化。这一阶段的诗歌不再仅仅是帮助人们记住文化与历史的工具，它开始承担反映社会现实、描绘生活状态的职责。例如，我国古代的诗人杜甫所作的诗歌被誉为"诗史"，不仅因为他通过诗句记录了个人的情感和生活体验，更因为他翔实地描绘了唐朝动乱时期的社会现状和人民的疾苦。例如，杜甫《春望》中的"国破山河在，城春草木深"，以高度凝练的语言，刻画了国破家亡的凄凉景象，成为那个时代的真实写照。在西方文学中，维吉尔的《牧歌》也体现了这一功能，通过诗歌记录了罗马帝国早期的乡村生活、社会理想与现实冲突。这些诗歌作品不仅传递了诗人对时代的观察，也成为记录历史与社会变迁的重要载体。

3. 怀抱

随着诗歌的发展，其功能逐渐超越了"记忆"和"记录"，进入了"怀抱"的阶段，成为人类深刻表达情感与思想的重要方式。诗歌不仅仅再现外在的世界，它通过象征、意象和隐喻等艺术手法，表达诗人对生命、自然、爱情等的思考与情感寄托。李白的作品便很好地展现了这一功能。例如，在《月下独酌》中，李白写道"举杯邀明月，对影成三人"，通过丰富的意象，传达了他在孤独中与自然产生的超越世俗的情感交流。诗人通过简洁的诗句，不仅记录了自身的孤寂，还创造了一个供精神栖息的空间，让读者能够感受到诗人内心的波澜与超然。在西方文学中，雪莱的《西风颂》是诗歌作为"怀抱"功能的另一典型例子。雪莱通过西风这一意象，表达了自己对社会变革的渴望与对生命力的颂扬，诗歌在此不仅是自然景象的描写，更是内心激荡情感与思想的深刻寄托。从最初作为文化与历史传播的工具，到成为记录社会现实与个体经历的载体，直至成为表达思想与情感的途径，诗歌在文化和审美领域中始终扮演着至关重要的角色。

2.2.2 凝练的语言

诗歌以其高度凝练的语言，将丰富的情感与深刻的思想浓缩在简短的篇幅中，呈现出言简意赅的力量。诗人通过精练的字句，创造出强烈的情感张力，借助有限的语言传递无限的意象与哲理。这种语言的精练，是诗歌区别于其他文体的核心特征之一。例如，李清照的《如梦令》以短短数行，精准地表达了她内心的复杂情感。"昨夜雨疏风骤，浓睡不消残酒。"在这寥寥数句中，诗人不仅描绘出雨后清晨的自然景象，还传达了她内心的忧愁与孤独。通过简练的词句和具体的意象，李清照将个人的情感与外在的自然巧妙结合，使读者在短短几行中感受到深刻的情感共鸣。这种凝练的表达，展现了诗歌语言在有限篇幅中传递丰富情感的能力。

在西方诗歌中，类似的凝练表达同样具有深刻的艺术效果。莎士比亚的十四行诗，尽管篇幅短小，却能通过简洁而精准的措辞探讨时间、爱情与生命等深刻主题。例如，他在十四行诗中用"我怎么能够把你来比作夏天？"这一句开篇，迅速唤起读者对美好与短暂的联想，而接下来的几句则逐渐揭示出时间的无情及诗歌永恒的力量。通过凝练的语言，莎士比亚在有限的字句中传达了复杂的哲理。

徐志摩的《再别康桥》则展现了我国现代诗歌中语言的凝练之美。整首诗以极简的语言描绘了诗人对康桥的依依不舍："轻轻的我走了，正如我轻轻的来；我轻轻的招手，作别西天的云彩。"反复出现的"轻轻"，不仅塑造了柔和、宁静的画面感，更通过简洁的语言表达了诗人在离别时的复杂情感。这种简练的语言，没有冗长的铺陈，却能在有限的字数中将情感推至极致，赋予读者无限的情感空间。

凝练的语言是诗歌的精髓所在。通过高度概括的意象和精练的词句，诗歌不仅传递出丰富的情感与思想，也赋予读者感受和解读的广阔空间。正是这种凝练性，使诗歌在短小的篇幅中能够展现深刻的哲理与无限的美感。

2.2.3　韵律的美感

诗歌的起源与音乐有密不可分的关系，无论是在古希腊还是我国早期文化中，诗歌最初都是通过吟唱的形式传播的。诗歌的韵律，既是诗人在文字层面精心设计的节奏，也是其内在音乐性的自然流露。通过韵律的流动，诗歌能够在表达思想和情感的同时带给读者音乐般的审美体验。我国古代诗歌不仅通过字句的排列展现形式美，更借助韵律和节奏使其具备了音乐性，让诗歌在诵读时更为流畅优美，还赋予了诗句更深层次的情感表达。在许多情况下，古代诗歌原本就是被配乐吟唱的，韵律的运用使得诗歌与音乐自然融合。随着诗歌逐渐从音乐中独立出来，韵律依然是诗人表达情感、塑造意境的重要工具。

例如，柳永的《雨霖铃·寒蝉凄切》，开篇的"寒蝉凄切，对长亭晚，骤雨初歇"通过整齐的韵律和强烈的节奏感，带领读者进入一幅充满离别之愁的画面。词中平仄交替，音调高低起伏，使得每一句都仿佛伴随着情感的波动而动人心弦。尤其在"念去去，千里烟波，暮霭沉沉楚天阔"这一句，韵律的抑扬顿挫如同离愁被不断推至高处，仿佛将作者内心的孤寂与离别的痛苦托举到天际。柳永通过对韵律的精妙把握，使整首词在情感表达上达到了极高的艺术水准，既展现了词人的细腻情感，也在字句间传递出浓郁的悲愁。苏轼的《念奴娇·赤壁怀古》同样展示了古代诗词中的韵律美感。开篇的"大江东去，浪淘尽，千古风流人物"通过强劲的节奏和浑厚的韵律，勾画出长江奔腾不息的壮丽景象。词中音韵流畅而雄浑，仿佛滚滚流动的江水，推动着情感不断涌向前方。"故国神游，多情应笑我，早生华发"中的韵律变化，呼应了苏轼对历史的深沉思考与对自身老去的无奈感叹。整首词通过韵律塑造了豪放与柔情并存的情感波澜，既展现了壮阔的自然景象，也深刻表达了作者内心的复杂情感。

ıı|ıı|ıı|ıı　思 辨 交 流

动画电影《长安三万里》（见图 2-2）通过描绘诗人李白的传奇人生，带领观众进入盛唐的辉煌世界，展现了诗歌作为李白表达思想和抒发情感的重要途径。影片中，李白不仅是一位卓越的诗人，更是一位追求自由与生命激情的旅者。他的豪迈与洒脱通过诗句表现得淋漓尽致。在影片中，观众可以通过精美的画面和抑扬顿挫的吟诵，直观感受到诗歌的音乐性和节奏美感。李白的诗作如《将进酒》《早发白帝城》等，在电影中通过韵律的呈现被赋予了新的生命力。诗句中的每个字、每个音节，都带着历史的回响，展现了李白在面对人生无常时的超然态度。《长安三万里》不仅是一部历史题材的电影，更是一部诗意电影。它唤起了观众对古诗的兴趣，掀起了"唐诗热"，让人们重新走近唐诗，感受其中韵律和精练之美。

图2-2　动画电影《长安三万里》海报

在《长安三万里》中，诗歌不仅是表达诗人个人情感的工具，也是电影叙事的重要组成部分。请思考以下问题。

1. 在影片中，诗歌的韵律和节奏是如何与画面相结合，创造出一种新的诗意氛围的？

2. 你认为这部电影如何通过诗歌增强了观众对历史和文化的理解？

在我国古代，文人雅集是诗歌创作和吟诵的重要场合。文人们聚集在一起，或临水而坐，或置身山林，借着自然美景、酒宴助兴，挥毫作诗。这不仅是文人之间的社交活动，更是诗歌艺术的创作温床。诗歌的创作往往伴随着即兴的灵感迸发，而其韵律的设计与吟诵使得诗歌在这些场合中流动出独特的音乐美感。例如，流芳青史的"兰亭雅集"，晋穆帝永和九年（353年）三月初，王羲之与儿子王凝之、王徽之、王操之、王献之，孙统、李充、孙绰、谢安、支遁、王蕴、许询、王彬之、郗昙、谢胜等"少长群贤"在会稽山阴集会，为兰亭集会，是时有26人得诗37首，后辑为《兰亭集》。《兰亭集序》是王羲之为《兰亭集》写的序言。整篇《兰亭集序》不仅以优美的辞藻表达了对人生短暂、世事无常的感慨，也通过韵律和节奏将这些思想感情紧紧融合。文徵明的《兰亭修禊图》卷（见图 2-3）正是对"兰亭雅集"场景的生动再现。画中人物席地而坐，清风徐来，山水环绕，文人们或执卷吟诵，或沉思作句，意境雅致悠然。此画再现了当年王羲之在"兰亭雅集"中与友人流觞曲水、赋诗作序的情景，唤起了后世文人对这一文化盛事的向往与崇敬。

图 2-3　［明］文徵明《兰亭修禊图》卷（局部）

2.3　小说：叙事的艺术与人性的探索

小说作为一种主要的文学体裁，具有丰富的叙事结构和多样的表达方式，独特地展现了故事与人物的多维性和复杂性。小说不仅通过精心设计的情节引导读者进入一个虚构的世界，还能够通过细腻入微的描写，深刻刻画人物的内心世界，揭示人性中复杂的情感、动机与心理冲突。无论是描写人物的行动、对话，还是通过内心独白呈现他们的思想，小说都能细致展现角色的成长历程与情感变化，带领读者走进丰富而真实的文学空间。

2.3.1　从"稗官野史"到中流砥柱

作为受众最为广泛的文学体裁之一，小说以其丰富多样的形式吸引着读者，持续为文学的发展注入活力。从古代的传奇、话本以质朴生动的笔触开启民间叙事先河，到近现代各类流派小说争奇斗艳，或聚焦社会现实、剖析人性幽微，或驰骋想象、探索未知之境，小说始终傲然挺立，稳稳支撑起文学大厦，当之无愧地成为文学领域坚实且极具生命力的"中流砥柱"。"小说"一词，最早见于《庄子·外物》："饰小说以干县令，其于大达亦远矣。"这里的"小说"指的是一些无关大道的言辞。小说在我国古代早期社会中，一向受正统文人的鄙视。《汉书·艺文志》亦有提到："小说家者流，盖出于稗官，街谈巷语，道听涂说者之所造也。"随着我国社会文化的发展，小说这一文体的地位也经历了显著的变迁。唐宋时期，随着市井文化的发展，话本小说开始流行。话本是当时市井艺人在街头巷尾讲述故事的文本，这类故事情节生动、人物鲜活，逐渐受到市民阶层的欢迎。虽然这类小说仍未被士大夫阶层正式承认，但它们已开始为大众文化发展奠定基础，成为日后长篇章回小说的重要前身。

真正迎来小说地位显著提升的是明清时期。尤其在明代，章回体小说逐渐成熟并拥有了广泛的读者群。《三国演义》《水浒传》《西游记》等经典作品，不仅在民间广为流传，还逐渐为文人阶层所接受。小说成为一种既能承载复杂历史背景，又能塑造丰富人物形象的文学形式。在清代，《红楼梦》作为小说艺术的巅峰之作，更是得到了士大夫阶层的认可。曹雪芹通过这部作品，深刻揭示了封建社会的内在矛盾和人性的复杂，使小说不再只是娱乐性的"稗官野史"，而成为文化批判和思想表达的重要载体。清代刘温所画的《红楼梦》画册现珍藏于旅顺博物馆，图2-4为刘姥姥初会王熙凤。

图2-4 ［清］孙温《红楼梦》（刘姥姥初会王熙凤）

到了近现代，随着我国社会的剧烈变革和文学形式的多样化，小说作为文学的重要体裁，迎来了更加辉煌的发展阶段。鲁迅、茅盾、巴金等现代作家通过小说这种形式，表达了对社会现实的深刻思考和对人性复杂性的探索。小说不再仅仅是记录历史和传递故事的工具，而成为知识分子表达思想、批判社会的利器。小说通过细腻的描写和人物刻画，以小见大地反映了社会的变迁与人性的复杂。

今天，小说已成为我国文学中最具影响力和包容性的文学体裁之一。不论是古典名著的研读，还是当代小说的创作与传播，小说早已成为表达社会思想、反映历史现实、探索人性深度的重要载体。它不仅能跨越时代与文化的界限，还能在全球化的背景下，与世界文学对话。小说从被鄙视的"稗官野史"到如今成为文化思想的核心载体，这一历程反映了我国社会文化意识的深刻变迁，也体现了小说作为一种艺术形式的持久魅力与无限可能。

2.3.2　细腻的人物刻画

小说作为一种独特的文学形式，其魅力之一在于通过细腻入微的刻画，使人物形象栩栩如生，充满情感与思想的复杂性。我国古典小说中的人物刻画尤为精致，曹雪芹的《红楼梦》便是典型代表。通过对贾宝玉和林黛玉的描写，曹雪芹展现了文学人物塑造的极高的艺术成就。书中对贾宝玉的外貌描写细致入微，彰显了他的柔弱与敏感："面如中秋之月，色如春晓之花"，这几笔勾勒不仅生动地展现了他的容貌，更为读者传递了他独特的性格和命运。贾宝玉虽出身贵族，但他对世俗权力与财富毫无兴趣，曹雪芹通过对他外貌的细腻描写，传递出他那种不愿融入封建礼教、追求纯粹真情的内在气质。这样的描写并非仅仅着眼于外在形象，而是通过外貌与内心的紧密联系，将人物的情感世界自然呈现于读者眼前，使人物的形象与内心世界浑然一体。

相比之下，林黛玉的刻画更侧重于通过生活细节和诗作来反映其复杂的性格与内心世界。曹雪芹通过对林黛玉敏感与孤傲性格的描写，展现了她对封建礼教的抗争和对纯粹爱情的执着。黛玉孤身寄居贾府，常因生活中的细微变化而感伤落泪。这种敏感并非软弱，而是她对情感的真挚追求。她独居潇湘馆，钟爱梅竹，悲泣葬花，这些生活细节暗示了她孤高自傲的性格及对自身命运的感伤。她对花的怜惜，正如她在《葬花吟》中所言"花谢花飞飞满天，红消香断有谁怜？"，表达了她对生命无常的悲叹，以及对自身命运的悲凉预感。曹雪芹通过黛玉的诗作揭示了她内心的孤独与反抗精神，尽管无法改变命运，但她始终不肯屈从于封建家族的安排。通过对黛玉生活细节的描写和诗歌创作的刻画，使她成为封建社会中女性命运波折的典型象征，同时也展现了她对抗封建礼教的内在力量。

与曹雪芹刻画林黛玉相似，托尔斯泰在《安娜·卡列尼娜》中也通过细腻的心理描写，展现了安娜在个人情感追求与社会道德之间的挣扎。安娜对爱情的渴望与对道德束缚的抗拒，形成了她内心冲突的核心。托尔斯泰通过描绘她的内心独白和细腻的情感波动，深入刻画了安娜在面对婚姻、爱情与社会压力时的迷茫与痛苦。安娜虽追求真挚的爱情，但在面对社会的指责与自我认同的困境中，逐渐陷入无法自拔的深渊。托尔斯泰通过这种对女性心理的深刻剖析，不仅塑造了一个情感丰富且复杂的女性形象，还揭示了社会制度对个体自由的压迫。安娜的形象，不仅反映了她个人的情感追求与挣扎，也成为整个社会道德与人性冲突的象征。

通过《红楼梦》和《安娜·卡列尼娜》的对比可以发现，中西方文学中的人物刻画虽然背景各异，但都通过细腻的描写，深刻展现了人物在封建礼教和社会道德下的压抑与抗争。无论是林黛玉对纯真爱情的执着追求，还是安娜对社会道德的抗拒，她们的命运都通过作者细致的人物刻画展现出来，揭示出女性在不同文化背景下的共同困境。正是这种细腻的描写，使得她们成为文学史中不朽的经典人物，这也反映了文学在揭示人性复杂性方面的巨大力量。

美与生活

近年来，关于文学经典改编为影视作品的讨论日益升温，特别是在选角和人物形象塑造上，"原著党"和"改编党"之间的争论常常引发热议。例如，当我们阅读《三体》时，文字让我们自由构建人物形象和宇宙场景。而当这些文字被影视化后，不同的观众可能会对选角、人物形象甚至场景设计产生强烈的分歧。"原著党"和"改编党"之争的背后，正是文学与其他艺术形式的本质区别之一：文学让每位读者创造出属于自己的"世界"，而这种多样化的审美体验是不可替代的。结合"原著党"与"改编党"之争的现象，请思考以下问题。

1. 当你阅读文学作品时，书中人物或情节是否在你脑海中形成了某种独特的形象？为什么影视改编常常与这种形象相去甚远？

2. 为什么有些作品在被改编成影视剧后，原著中的某些细腻情感和深层思想似乎消失了？这背后反映了文学所蕴含的独特审美力量是什么？

2.3.3　灵活的叙述方式

小说的另一个独特魅力在于其灵活的叙述方式。作家能够通过多样的叙述手法，灵活把控时间、视角，并推动情节展开，为读者提供多层次的阅读体验。与其他文学形式不同，小说能够自由穿梭于不同的时间线和叙述视角之间，这种灵活性不仅丰富了叙事的表现力，还赋予了作者在创作结构上的巨大自由。

1. 多元叙述视角

小说通常利用多种叙述视角来展示人物的内心世界与事件的全貌。例如，曹雪芹在《红楼梦》中巧妙运用了全知视角，通过叙述随时切换到不同人物的内心，既展现了贾宝玉的内心纠结，又刻画了林黛玉的情感波动。这种叙述手法让读者能够从多维度理解人物的复杂性和故事背景。除全知视角之外，许多小说则采用第一人称或有限视角展开故事。

例如，在菲茨杰拉德的《了不起的盖茨比》中，故事通过第一人称叙述者尼克的视角展开。尼克既是故事的旁观者，又是情感的参与者，这一视角的运用使得读者能够通过他的观察理解盖茨比复杂的内心世界。这种有限的视角不仅增强了盖茨比这一角色的神秘感，还让读者体会到叙述者本人的情感和道德困境。1925 年，《了不起的盖茨比》图书首版出版，其封面如图 2-5 所示。

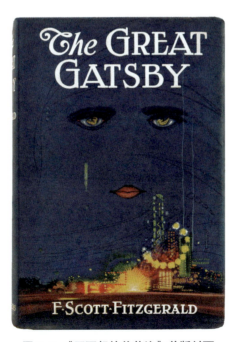

图 2-5　《了不起的盖茨比》首版封面

此外，福克纳的《我弥留之际》则是另一种叙述手法的典型。福克纳通过多个角色的内心独白来交替叙述故事，每个角色的叙述不仅反映了他们对事件的不同看法，还展现了其内心的情感波动。通过这种多视角的叙述，读者能够从各个角度拼凑出完整的故事，深入理解角色之间的复杂关系和情感纠葛。这种多视角的叙述方式，使小说具备了更强的多义性和复杂性。

2. 灵活叙述时间

小说在时间线处理上同样具备极大的灵活性。传统的线性叙述按照时间顺序推进故事，而非线性叙述则通过倒叙、插叙、闪回等手法打破时间的连续性，创造出意想不到的叙事效果。例如，马尔克斯的《百年孤独》运用大量的倒叙和插叙，将家族命运与时间交织，增强了故事的厚重感与神秘色彩。《红楼梦》中的"梦"意象则通过回忆与预示未来的梦境相互交织，既呈现现实，又隐喻未来，时间线的灵活运用进一步加深了小说的叙事深度，使情节更加错综复杂。

《追忆似水年华》是普鲁斯特在时间灵活处理上的经典案例。整部小说通过主人公马塞尔的回忆展开，时间并非线性流动，而是借助回忆的触发，在过去与现在之间反复穿梭。普鲁斯特通过这种非线性时间结构，展现了记忆的复杂性与主观性，使读者沉浸于时间的流动与思考之中。乔伊斯的《尤利西斯》则进一步将时间与空间的设计发挥到极致，小说中的"意识流"手法通过主角一日的日常生活呈现，展现了他丰富而复杂的内心世界。时间的流动与内心意识的流转交织在一起，打破了传统的时间序列，使小说充满了高度的实验性和现代感。

通过灵活运用多种叙述方式，小说不仅能够细腻地展现人物的复杂情感与思想，还在时间和空间的处理上带来了独特的阅读体验。无论是全知视角叙述还是第一人称叙述，线性叙事还是非线性叙事，这些手法的自由运用，赋予了小说多样的表现力，为读者带来丰富而多层次的故事世界。

美的经典

我国学者、红学家蔡义江先生曾提出：《红楼梦》除小说的主体文字本身也兼收了'众体'之所长外，其他如诗、词、曲、辞赋、歌谣、谚、赞、谏、偈语、联额、书启、灯谜、酒令、骈文、拟古文等等，也应有尽有……五花八门，丰富多彩。这是真正的"文备众体"，是其他小说中所未曾见的。读者通过阅读书中与人物特点及与其命运关联的诗词歌赋，不仅能够感受到作者曹雪芹在人物塑造上的匠心独运，还能领略到他如何巧妙地运用各种文学形式来丰富小说的内涵。《红楼梦》中的诗词歌赋不仅仅是点缀，它们往往承载着人物的情感和命运，成为推动情节发展的重要元素。林黛玉是《红楼梦》中最富有才情的女子。她迎风洒泪，风华绝代；提笔赋诗，无人能及。曹雪芹天才地将林黛玉的性情和诗词结合起来，写就了一篇篇动人的佳作。

> 两弯似蹙非蹙笼烟眉，
> 一双似喜非喜含情目。
> 态生两靥之愁，娇袭一身之病。
> 泪光点点，娇喘微微。
> 闲静似姣花照水，行动似弱柳扶风。
> 心较比干多一窍，病如西子胜三分。
>
> 半卷湘帘半掩门，碾冰为土玉为盆。
> 偷来梨蕊三分白，借得梅花一缕魂。
> 月窟仙人缝缟袂，秋闺怨女拭啼痕。
> 娇羞默默同谁诉？倦倚西风夜已昏。
> ……

美的探索

1. 《红楼梦》中"十二金钗"的判词，你最喜欢哪一首？为什么？

2. 《红楼梦》中的林黛玉通过诗词表达她内心的孤独与对命运的感叹，文字成为她情感的寄托与宣泄的出口。你认为在现代社会中，文字的表达是否依然能够如此深刻地传递内心情感？你是否认为某些文学作品或书写形式在今天依然具备这种"疗愈"功能？

3. 林黛玉如果来到现代，她会如何看待今天的女性地位与爱情观？她是否会对现代的情感观念感到困惑或认同？

美的实践

1. 随着科技的发展，网络小说逐渐成为当代文学的重要组成部分。相比于经典文学，网络小说的即时性、互动性和题材的广泛性，吸引了大量年轻读者。网络小说的互动性和大众化是否会让文学走向浅层化？你如何看待目前在青年群体中流行的"爽文"作品？

2. 尝试基于"十二金钗"的判词，借助 AI 工具，设计出最贴合个人理解的"十二金钗"形象。

3. 欣赏名画《雪景寒林图》（见图 2-6），仔细观察画面内容。用 150 字以内的诗意语言对画作进行描述，描述应凝练并富有情感，传达你对画作的理解与感受。也可结合画面内容展开想象，以短篇小说的形式创作一个故事。

图 2-6 ［宋］范宽《雪景寒林图》

4. 使用 AI 工具生成对《雪景寒林图》的文学性描述，并保证其与画作的意境相符。调整 AI 生成命令，直至描述与画作的核心情感契合。将你创作的诗意描述与 AI 生成的描述进行对比，请同学们进行匿名评选，选出更能打动人心的那段文字。

第三章
目之所及——视觉艺术的盛宴

本章导语

　　本章旨在引导学生深入探索视觉艺术的独特魅力，借助绘画、雕塑、摄影和建筑等多种艺术形式，领略视觉的震撼性与艺术创作表达的多样性。视觉艺术不仅通过色彩、线条、形体和光影为观者带来感官的愉悦，还以丰富的情感传递和深厚的文化内涵展现了人类对美的永恒追寻。通过本章的学习，学生将理解视觉艺术如何通过具体的形式与图像，捕捉瞬间的情感，唤起观者对现实与想象的独特感知，让艺术在观者的视觉体验中展现出其独有的力量。

美育目标

- 掌握视觉艺术的核心表达方式，理解视觉艺术的多维表现力；
- 理解视觉艺术中的情感表达与文化内涵；
- 提升感知与反思能力，培养视觉审美素养。

美的导航

在信息爆炸的时代，我们的生活中充斥着无数的视觉刺激。无论是手机屏幕上不断刷新的图像、视频，还是各种社交媒体平台展示的内容，视觉信息已经成为吸引注意力、占据时间的核心资源。视觉，仿佛已成为我们与世界互动的强大且高效的媒介。然而，在"眼球经济"时代，随着AI技术、虚拟现实和增强现实的广泛应用，视觉艺术的真实性面临前所未有的挑战。借助技术，我们可以轻松生成、修饰甚至增强图像，使得虚拟与现实的界限日益模糊。

随着视觉信息的泛滥与复杂化，我们必须具备批判性思维与判断能力，这样才能有效地筛选和评估所接收的视觉内容。视觉素养因此显得尤为重要，它不仅包括感知美、欣赏美的能力，还涵盖识别信息真伪和审视其价值的能力。在高度视觉化的世界中，拥有视觉素养不仅是拥有对美的理解力，更是拥有对信息操控的洞察力。本章将带领我们深入探索绘画、雕塑、摄影与建筑等多样的视觉艺术形式。我们通过色彩与线条的流动、光影与空间的布局，感受艺术家在每一件作品中所表达的深刻情感与思想，进而启发我们用全新的视角理解美的多样性与深刻性。

结合"眼球经济"等现象，请思考以下问题。

1. 随着AI图像生成和修图技术的普及，你认为视觉艺术的真实性是否依然重要？视觉艺术是应该更注重传达情感与思想，还是忠实地呈现现实？

2. 在这个视觉信息泛滥的时代，你如何筛选和欣赏那些真正打动你心灵的作品？面对大量经过技术处理的图像，你是否有方法判断哪些作品具有深刻的艺术价值？

3. 面对视觉信息复杂化的现象，你认为提升视觉素养有何重要意义？在日常生活中，该如何有效地培养自身的视觉素养？

本章慕课

美的漫步

3.1 绘画——丹青不渝

绘画，作为视觉艺术的核心形式之一，历经千年的演变，是人类最早用以表达思想与情感的方式之一。从远古时期的岩画到当代的抽象艺术，绘画始终伴随着人类文明的脚步，成为记录历史、传递文化、反映社会变迁的独特媒介。"丹青不渝"，彰显了绘画艺术在时间长河中的恒久魅力，象征着艺术家们对创作初心的坚守与执着。

在我国古代，"丹青"作为绘画的代名词，承载着深厚的文化内涵与美学价值。无论是我国的国画，还是西方的油画，都以其独特的技法和表现形式，描绘出人类对自然、社会和内心世界的无限探索。丹青之美，源自笔墨之间流淌的灵感与情感，体现了艺术家对生命的热爱与对美的追求。随着时代的变迁，绘画形式不断丰富多样，但"丹青不渝"的精神始终未变。在快节奏、信息爆炸的当代社会，从具象到抽象的绘画依然以其独有的方式，给我们提供一种静谧而深邃的心灵慰藉。

3.1.1 画者，文之极也

绘画的起源可以追溯至原始社会的岩画。这些图像不仅是对自然环境的忠实记录，也是早期人类表达情感与信仰的工具。例如，法国拉斯科洞窟的岩画生动描绘了古代人类对自然的崇敬与畏惧。在我国，类似的岩画同样保存了古代人的生活痕迹与精神世界。例如，甘肃和内蒙古地区的岩画，描绘了狩猎场景和祭祀活动，展示了古人对自然和超自然力量的探索与崇拜。

其中，位于广西壮族自治区崇左市宁明县的花山岩画（见图3-1），是壮族先民留下的珍贵艺术遗产，距今2000～3000年，被誉为我国古代岩画的代表作之一。画中人物多呈赤褐色，双臂高举，似在进行群体活动，学者推测这与祭祀或战争有关。这些图像不仅展现了壮族先民的社会生活，还折射出他们对天地、自然与神灵的崇拜，彰显了古代壮族文化的深厚内涵与人类早期的精神追求。

图 3-1　花山岩画

　　绘画不仅是历史的见证者，也是人类社会功能多样性的体现。在不同文明中，绘画不仅是表达个人思想的工具，还是塑造集体记忆和传递社会意识的手段。例如，古埃及的壁画记录了墓主人生前的生活场景，意在保障来世记忆的延续；在中世纪的欧洲，宗教绘画成为教会传播教义的重要工具；而在中国古代，壁画和卷轴画不仅用于描绘宫廷生活，还被用来彰显统治者的政治权威，甚至成为表现社会阶层与身份象征的工具。绘画在不同文化中承载了社会教育、宗教传播及权力表达的多重功能。

　　中文"绘画"一词的演变过程本身充满了文化和艺术的趣味。"画"字的早期含义是用线条勾勒事物，描绘简单的形象；而"绘"字则侧重于色彩的填充，意味着通过色彩对事物进行装饰与表现。随着时间的推移，"绘"与"画"这两个字逐渐结合，形成了现代意义上的"绘画"一词。该词既体现了线条的勾勒之美，又融合了色彩的运用，标志着绘画从早期的线条描摹发展为更加复杂的视觉表现形式。这一词汇的演变，也正是绘画艺术从原始符号语言发展为丰富表达工具的缩影，它不仅反映了人类对自然的观察和再现，更展现了艺术家对思想与情感的独特表达。

　　绘画的形式和媒介也随着科技的进步而不断演变。从天然颜料到合成颜料，从石壁到油画布，绘画的技法和工具随着时间推移不断革新。如今，数字技术的飞速发展赋予了绘画全新的表达方式。数字绘画、虚拟现实和 3D 技术不仅突破了传统绘画的物质媒介限制，还为艺术家提供了更加广阔的创作空间和互动性体验。绘画借助科技的力量，跨越了时间和空间的界限，成为现代社会中充满无限可能的艺术形式。

画者，文之极也。绘画不仅是视觉的艺术，也是思想与情感的延伸，其通过画布上的笔触与色彩，超越了语言的局限，能够传递文字难以表达的深邃情感与哲理。每一幅画作，都是艺术家与世界对话的桥梁，让观者在视觉享受中与艺术家进行无声的心灵交流。唐代张彦远在《历代名画记》中的论述更将绘画的价值升华到与经典典籍齐肩的地位："夫画者，成教化，助人伦，穷神变，测幽微，与六籍同功，四时并运"。绘画不仅仅是视觉的盛宴，更是一种传递道德与智慧的工具，具有教化与启迪人心的独特使命。绘画以其无声的形象，传递超越时间与空间的思想，历经千年而不朽，成为人类精神世界中永恒的灯塔。

3.1.2 色彩与线条的共鸣

色彩与线条是绘画中基本且富表现力的视觉语言，它们在画布上相互交织，既塑造形态，又传递情感。色彩通过明暗、冷暖的对比，直接作用于观者的视觉与情感，营造出特定的氛围和意境；而线条则通过其粗细、曲直、疏密的变化，勾勒出事物的轮廓，赋予画面节奏与动感。两者相辅相成，既创造了视觉上的和谐，也能够引发深层次的情感共鸣，赋予绘画作品独特的艺术张力。

在不同文化背景下，色彩与线条的运用蕴含各自的美学理念与审美追求。中国传统绘画以线为骨，讲究"笔墨当随时代"，通过线条的婉转流动和墨色的浓淡变化，传递出情景交融的意境。线条不仅塑造物象的形态，更承载着艺术家的思想与情感，成为画面精神的脉络。色彩则多为淡雅内敛，以"留白"造境，虚实相生，表现出含蓄的诗意和深远的意境。

以元代画家黄公望的《富春山居图》（见图 3-2）为例，这幅作品堪称我国山水画的典范，体现了线条与墨色的完美结合。画面中，黄公望以细腻、流畅的线条描绘出连绵不断的山峦、静谧的河流及葱郁的树木。其线条似乎随山势起伏，像流水般自然舒展，这种轻盈的笔触不仅展示了画家深厚的技艺，还使得山川的气韵贯通一体，展现出自然的和谐美。在墨色的运用上，黄公望通过墨色的浓淡变化，表现出远近景物的空间层次感。浓墨勾勒出前景的树木与山石，淡墨则渲染了远景的山脉与河流。这种墨色的对比不仅使画面富有层次感，还给人以宁静与深远的视觉体验。特别是"留白"的运用，在表现河流、云雾等虚无缥缈的景物时，增强了画面的空灵与诗意，给观者留下了无限的想象空间。

图 3-2 ［元］黄公望《富春山居图·剩山图》(局部)

西方绘画自文艺复兴以来，逐渐将色彩推向了视觉表现的核心位置。艺术家通过光影的明暗变化和色彩的强烈对比，塑造出鲜明的空间感与立体感，赋予画作强烈的情感张力。线条则更多用于辅助构图与强化结构，使画面呈现出更加丰富的层次感。进入现代艺术时期，线条和色彩的功能进一步得到解放，成为艺术家自我表达的独立符号，不再局限于再现客观世界，而是充分展现主观情感与内心世界。

以凡高的《星月夜》(见图 3-3) 为例，这幅画作于 1889 年，是西方现代艺术中色彩与线条运用的杰出代表。作品中，凡高用强烈的色彩对比与流动的线条，创造了一种充满活力且富有情感张力的夜空景象。夜空中的蓝色和黄色形成了强烈的色彩对比，蓝色的夜幕深邃而梦幻，点缀着黄色的星光，给人一种既神秘又不安的感觉。凡高通过色彩的夸张运用，传达出内心的狂乱与孤独。不仅是色彩，线条在《星月夜》中也起到了至关重要的作用。凡高以流畅而富有动感的线条描绘了旋转的云朵和星光，赋予夜空旋涡般的运动感。这些线条并非静止的，而是充满了旋转与波动的力量，仿佛天空本身在涌动，反映了凡高内心深处情感的剧烈波动。这种线条的运用完全打破了传统的静态构图，使画面充满了生命力与不安定感，传达了强烈的主观情感。

在凡高的手中，色彩和线条不再只是再现现实的工具，而是情感的直接表达。夜空的流动、星星的闪烁、蓝色与黄色的激烈碰撞，这一切都让《星月夜》成为凡高内心世界的视觉化表达，展现了现代艺术中个人情感的自由释放。通过色彩与线条的有机结合，凡高不仅创造了一个梦幻般的夜景，还赋予了画作强烈的情感张力与极高的象征意义。它不再局限于对客观世界的再现，而是超越了传统的表现手法，成为艺术家内心世界的强烈表达。无论是在东方还是西方，色彩与线条的共鸣不仅是视觉语言的体现，更是文化精神的传递与艺术思想的外化。它们在画布上将自然与人文融合，反映出不同文化对美的独特诠释，成就了各自艺术体系中的独到魅力。

图 3-3　［荷兰］文森特·凡高《星月夜》

3.1.3　形象与意象的交织

在绘画中，形象与意象的交织是艺术家表达思想和情感的核心手法。形象是对外在世界的具象描绘，如具体的人物、自然事物或场景等；而意象则通过形象所蕴含的象征意义，赋予作品更深的精神内涵。当形象与意象相互交织时，作品不再只是视觉的再现，而成为情感与思想的载体，传递出艺术家对世界的独特思考。

这一手法在中西方绘画中有不同的表达。我国现代画家徐悲鸿 1930 年完成的《田横五百士》（见图 3-4）便是形象与意象交织的典范。这幅作品以田横和他的五百名部下在拒绝向刘邦投降后选择自杀殉国为背景，表现了那一历史时刻的悲壮。画面中的士兵神情坚毅，虽面临死亡，依然表现出忠诚与无畏的精神。徐悲鸿通过写实的手法，将这些历史人物塑造得栩栩如生，他们的形象不仅具象地再现了真实的历史场景，同时也象征了忠义精神和英雄主义。画作中的每一个人物都承载着更深的意象，即为理想和忠诚而舍生忘死的崇高情感。背景中的荒凉景象则进一步突显了人物的英雄气概，使整个作品充满了悲壮与力量。

图 3-4 徐悲鸿《田横五百士》

同样，西方画家戈雅 1814 年创作的《1808 年 5 月 3 日夜枪杀起义者》（见图 3-5）也展现了形象与意象的交织。画面描绘了西班牙人民反抗拿破仑入侵时遭到残酷镇压的场景。站在画面中央、双手高举的男子，面临即将到来的死亡，依然呈现不屈的姿态。戈雅通过这种具象的描绘，传递了对抗压迫、捍卫尊严的强烈意象。处决现场的惨烈与无助，衬托出画面中央人物的坚毅，画作因此呈现出对暴政的控诉与对自由的向往。戈雅对色彩与光影的运用增强了这种悲壮的情感，使得形象与意象交织在一起，产生了强烈的情感共鸣。

图 3-5 ［西班牙］弗朗西斯科·戈雅《1808 年 5 月 3 日夜枪杀起义者》

思辨交流

戈雅的这幅画是对西班牙反抗拿破仑入侵过程中一场大规模处决的纪实性再现。戈雅不仅通过画作真实地记录了这场事件，还通过画面传达了其对战争暴行的谴责。画作在此作为历史的证据，向后世传递了画家对该历史事件持有的真实情感。

仔细思考并讨论以下问题。

1. 在记录历史时，绘画和文字的作用各有什么独特之处？你认为绘画作品作为历史见证有何优势？

2. 你认为一幅绘画如何影响甚至塑造了我们对某一历史事件的集体记忆？为什么一些绘画作品会成为历史事件乃至某个时代的象征？

3.2 雕塑——铸魂塑形

雕塑作为最古老的艺术形式之一，凭借其强烈的视觉冲击力与空间表现力，成为人类历史与文化记忆的载体。雕塑不仅通过材料和形态塑造出具体的形象，更重要的是，它承载着艺术家对社会、历史和情感的深刻思考。雕塑的魅力，在于其将无形的精神力量转化为可触摸、可感知的具体形态。艺术家通过雕塑赋予每一块石材、每一块泥土、每一段木材或每一块金属以灵魂，让这些原本冷硬的物质充满情感和生命力——或温润如玉，细腻地勾勒出人物的柔美轮廓；或冷峻似铁，刚健地展现力量的磅礴涌动；又或质朴如石，沉稳地诉说岁月的悠悠沉淀。这些材料经由艺术家们的巧手匠心，被赋予了鲜活的生命力，塑造出一个个呼之欲出的形象。

3.2.1 形神兼备

雕塑的历史可以追溯到远古时期，人类用石雕、泥塑等方式来表达对自然与神灵的敬畏。中文"雕塑"一词，包含了"雕"和"塑"两种基本技法，其中"雕"指的是通过去除多余材料来雕刻形态，而"塑"则意味着通过捏塑、堆积材料来塑造形态。两种技法的巧妙结合，赋予雕塑以独特的表现力。我国的雕塑艺术自古以来便具有浓厚的文化内涵，展现出独特的艺术风格与精神气质。从汉代的石雕与陶俑，到唐代的佛教造像，这些作品不仅是对物象的艺术再现，更是对社会历史、文化信仰与人物精神的深刻反映。我国雕塑艺术在塑造"形"的同时，更注重对"神"的刻画，通过人物表情、姿态及衣物的褶皱等细节的精准表现，展现人物的内心世界和社会背景，从而实现了"形神兼备"的艺术理想。

西方雕塑早在古埃及和古两河流域文明时期就已有重要发展，古希腊和古罗马时期则将雕塑艺术推向了顶峰。古希腊雕塑以对人体比例和结构的精准刻画闻名，雕塑家通过对人体力量与美感的细致雕刻，还原了人体自然的形态，深刻表现了人类理性、自由与智慧的精神内核。《米洛斯的维纳斯》《掷铁饼者》等经典作品充分展现了人体的和谐美与力量感，而这些雕塑作品中的"神"，并不仅是物理形态的再现，而是与人类精神内核深刻契合的象征。到了文艺复兴时期，米开朗琪罗的《大卫》（见图 3-6）更是雕塑艺术的巅峰之作，该雕塑通过对人体细致入微的刻画，表达了人类对自由与力量的追求。作品中的"大卫"象征自由意志的力量，表现出人类对抗压迫、追求独立的精神。

图 3-6　[意大利] 米开朗琪罗《大卫》

3.2.2　材料与空间

雕塑之所以具有如此强大的表现力，在于它通过材料、空间和形态传达情感与思想，在三维空间的立体形式中再现生活，用物质性的实物形式来塑造形象，象征了一个时代、一段历史、一个事件、一个地区。例如，刘开渠创作的人民英雄纪念碑浮雕《胜利渡长江 解放全中国》（见图3-7）通过群像的表现形式，展现了革命先烈的英勇形象，成为民族精神的象征。而在西方，美国自由女神像作为一座具有重要象征意义的户外雕塑，承载了自由与希望的理念，既是美国国家精神的象征，也是全球自由价值观念的共同象征。作为立体艺术形式，雕塑通过三维空间的构建，使形象在真实环境中获得了更为直观而强烈的感染力，进一步促进其精神内涵的传播与延续。

图 3-7 刘开渠《胜利渡长江 解放全中国》

与绘画不同，雕塑占据真实的物理空间，它不仅通过视觉上的冲击力影响观者，还通过其在空间中的布局与形态设计与观者形成互动。无论是室内的小型雕塑，还是户外的纪念碑，雕塑凭借其触摸感与存在感，成为观者情感共鸣的直接媒介。雕塑通过占据三维空间，迫使观者从多个角度去感受、理解和解读它的内涵，超越了平面艺术的限制。例如，法国著名雕塑家奥古斯特·罗丹创作的《思想者》（见图3-8）就是一个通过形态表现深刻思想的经典例子。罗丹通过对人体细致入微的雕刻，塑造了一个静止却在进行内在思索的哲学形象。虽然人物静止不动，但他俯身低头的姿态和紧握的拳头，表达了其正在进行强烈的思想活动，成了人类精神力量的象征。正是通过这种三维的立体表达，雕塑能够超越语言，用无声的力量激发观者的内心共鸣。

类似地，依托空间感和多维度的表现，雕塑在中华优秀传统文化中同样有独特的地位。成塑于

图 3-8 ［法］罗丹《思想者》

元代的山西省晋城市府城玉皇庙中的星宿彩塑就是一个极具代表性的例子，其中的角木蛟如图 3-9 所示。这些彩塑并不仅仅是对星宿形象的具象描绘，它们通过色彩和造型设计在空间中表现出丰富的宇宙观。星宿彩塑立体分布在庙宇空间中，每一个神祇的姿态和表情都细致入微，仿佛在注视着进入庙宇的每一个人。雕塑的布局不仅塑造了庄严的氛围，更通过多维度的视觉体验与观者产生互动，让人不自觉产生强烈的敬畏与崇敬之感。玉皇庙的彩塑并非仅为视觉享受而存在，它们通过空间布局，与建筑环境融为一体，赋予观者一种身处世界中心的感受。雕塑形态、色彩及其所占据的空间共同作用，形成了强烈的场域感，使得观者不仅是被动的欣赏者，更是主动的参与者。

图 3-9　[元]山西省晋城市府城玉皇庙二十八星宿彩塑之角木蛟

当代雕塑艺术打破了传统的材料和形式界限，进一步探索了材料与空间的多样性。例如，英国雕塑家亨利·摩尔的作品《斜倚的人体》便是通过抽象的形态与流线型的设计，将人体与自然相融合，表达了生命的力量与和谐。摩尔的作品不仅突破了传统雕塑的具象表达形式，也通过独特的空间布局，赋予雕塑作品静谧而又充满生命力的意象。这种对抽象形式的探索，展现了雕塑家如何通过形态与空间塑造独特的精神世界。

雕塑作为“铸魂塑形”的艺术形式，通过材料的选择、形态的塑造与空间的设计，赋予作品灵魂与力量。它不仅在视觉上震撼观者，更通过深层的情感与精神传递，引发观者的思考与共鸣。从古代的宗教造像到现代的抽象雕塑，雕塑艺术以其独特的方式承载着人类文明与精神，成为时间与空间中的永恒之作。

思辨交流

石木之间：雕塑中的材质密码

想象一下，当你站在一座雕塑前，是什么让你对它产生了第一眼的好奇？是它的形状、颜色，还是质感？是大理石的冰冷与光洁，还是木材的温暖与粗糙？材质不仅是雕塑的“外衣”，还是艺术家用来传达思想和情感的“语言”。每一种材质都有其独特的“声音”，能让我们感受到不同的历史背景、文化内涵和情感表达。不同材质呈现的维纳斯如图 3-10 所示。

图 3-10　不同材质呈现的维纳斯（从左至右：木材、大理石、铜）

分小组收集不同材质的代表性雕塑作品，或使用 AI 工具将经典雕塑作品以不同材质呈现。完成后，思考并讨论以下问题。

1. 材质的变化如何影响雕塑的整体观感？
2. 在不同材质的呈现下，雕塑的情感表达是否发生了变化？为什么？
3. 在不同文化背景下，艺术家对材质的选择反映了哪些审美追求差异与文化偏好？

3.3 摄影——"镜"里乾坤

摄影，作为一种独特的视觉艺术，通过精准的光影运用、巧妙的色彩搭配与精心的构图，传达出深邃的思想与情感，赋予了瞬间永恒的生命。摄影是对现实的具象呈现，也是历史的见证者与记录者。在社会变革的过程中，摄影师通过镜头语言记录下了人们的情感与思想变迁，反映了特定历史时期的文化特征与社会风貌。

无论是社会运动、战争冲突还是日常生活，摄影通过精准的影像捕捉，将社会与历史的片段呈现给观众。在这些影像中，摄影师通过视角、构图、光影处理等技法记录了事物的表象，传递了作者对事件的情感认知与历史评价。摄影作品并不局限于单纯的现实再现，它通过影像的选择与构建，形成了对历史事件的再创造。摄影作品反映的"镜里乾坤"，是一种穿越时空的视觉叙事，将历史的碎片拼接成完整的故事，促使我们从更为深刻的层面理解与解读历史。

3.3.1 "意趣"与"刺点"

罗兰·巴特在其著作《明室》中，提出了摄影中的两个关键概念——"意趣"和"刺点"，帮助我们更深入地理解摄影的多重作用。"意趣"代表了观者对摄影作品的整体文化理解和理性欣赏，是一种基于知识背景的理性观看方式。例如，当我们看到一幅风景摄影或纪实摄影作品时，"意趣"让我们能够理解作品的背景、文化符号和摄影师的意图，欣赏其中的构图、主题和场景安排。

然而，摄影的独特魅力往往超越这种理性欣赏。巴特提出的"刺点"是摄影作品中的某个细节，这个细节往往不是摄影师刻意设计的，却会突然"刺入"观者的情感深处，引发个人化、强烈的情感反应。这种"刺点"常常是无意间呈现的，但却让照片变得更加深刻和耐人寻味。

美国摄影师阿尔弗雷德·斯蒂格利茨的作品《三等舱》（见图3-11）便是一个典型例子。这张拍摄于1907年的照片，被广泛认为是斯蒂格利茨将摄影提升为艺术形式的标志性作品。它不仅仅是对社会现实的纪实记录，更通过精妙的构图与光影对比，表达了对阶级差异和社会不公的深刻反思。在这张作品中，我们通过"意趣"可以理解当时社会的背景——照片中展示的船上移民群体象征了那个时代的贫困和漂泊状态，他们站在甲板上，表情凝重，身后是简陋的环境与混乱的场景。这是对移民阶级艰辛生活的真实描绘。

图 3-11　[美] 阿尔弗雷德·斯蒂格利茨《三等舱》

　　但正如罗兰·巴特所言，真正打动观者的，往往是那些意料之外的"刺点"。在《三等舱》中，某些细节，如一顶帽子的曲线，或者船舷上复杂的金属结构，这些偶然性的元素将这张照片从纪实影像转化为更具艺术性和情感共鸣的表达。观者不仅可以从理性层面理解这张照片的社会意义，还能因为这些细节触发内心深处的情感波动，从而对社会阶级的不公与人性的苦难进行深刻反思。这种"刺点"让作品突破了简单的纪实功能，成为了艺术与思想的融合体。

3.3.2　从银版到数码——技术的革新

　　摄影作为一项技术，其起源可以追溯到 19 世纪。法国发明家路易·达盖尔于 1839 年发明了达盖尔银版法，这一工艺被认为是世界上首个成熟、可用的摄影方法。达盖尔银版法通过化学药品将影像固定在银版上，实现了摄影的首次实用化。尽管这种技术需要长时间曝光，且图像无法复制，但它成功地捕捉了现实的瞬间，为摄影技术的发展奠定了基础。随着 20 世纪的到来，摄影逐渐摆脱了简单的纪实功能，开始被广泛应用于艺术创作领域。摄影家们不断探索如何通过摄影表达思想和情感，摄影不再仅仅作为一种记录工具，而成为了与绘画、雕塑并列的艺术形式。摄影师通过光影的运用、构图的设计和技术的创新，探索了摄影的无限可能。

进入数字时代，摄影技术实现了又一次革命。数码相机的发明与普及使得图像的拍摄和处理变得更加便捷。摄影师可以通过后期处理增强某些视觉效果，甚至有意设计出令人震撼的"刺点"。例如，风景摄影师可以通过数字技术增强光影效果，突出某些细节，让观者的目光被引导至某个意料之外的元素，从而引发情感共鸣。技术带来的创造力，让摄影艺术在当今社会中的表现更加多元化。

美与生活

随着科技的进步，摄像头已无处不在——从智能手机到监控设备，几乎每个人都可以随时随地拍摄照片，人人都可以是摄影师（见图3-12）。这一技术的普及深刻地改变了摄影的本质。我们不再需要专业设备或摄影师的指导，也不再依赖传统的摄影场景设计，任何人都可以成为摄影师，任何时刻都可以被记录。然而，摄像头的普及到底对摄影艺术产生了怎样的影响？这一问题值得我们深入思考。

图3-12　人人都是摄影师

请思考以下问题，并展开讨论。

1. 摄像头的普及如何影响你个人对摄影的看法？你是否觉得摄影的价值因为其易得性而有所下降？

2. 你如何看待日常生活中通过智能手机捕捉的影像？它们是否可以被视为艺术作品，还是仅仅是对现实的"复制"？

3. 面对海量的日常照片，你是否有能力分辨出哪些作品具有艺术价值？你会通过哪些标准来判断？

3.4 建筑——雕梁画栋

建筑作为人类文明的物质体现，承载了文化、历史与社会变迁的深刻印记。建筑的演变见证了人类从原始生活到高度文明的跨越。远古时期，建筑起源于人类对生存需求的本能反应——从简陋的洞穴、茅屋到稍具形式的木石结构，人类在与自然环境的互动中逐渐探索出各种建筑形式。随着社会的发展，建筑的功能从单纯的庇护所，逐渐拓展为宗教、权力、文化象征的载体。无论是古埃及的金字塔，还是美索不达米亚的神庙，建筑开始超越其实用功能，成为人类文化与信仰的象征。

3.4.1 "中木西石"

在历史的发展进程中，不同文明在各自的历史脉络与自然环境中发展出了独具特色的建筑体系。例如，西方建筑自古希腊、古罗马时期的石质建筑结构起就追求对称、几何和比例的严谨性，展现了人类对理性与永恒的探索。而在东方，我国古建筑则凭借其独特的木结构设计、精美的雕刻及深厚的历史文化底蕴，形成了一种强调人与自然和谐共生的美学体系。

我国古建筑以其独特的木结构、精美的雕饰及深厚的历史文化底蕴，展现了天人合一的哲学思想和独具特色的美学理念。从宫殿的金碧辉煌到园林的曲径通幽，我国建筑通过雕梁画栋、飞檐翘角等设计，将自然与人文巧妙结合，体现出对天地、自然与人的和谐共生的追求。我国古建筑的核心在于其木结构体系，这种体系不仅使建筑具有灵活性和适应性，也使其与自然环境紧密融合。传统的"斗拱"（见图3-13）设计，通过榫卯结构将建筑的重心稳固地分散在各个支撑点上，不仅增加了建筑的坚固性，也赋予了建筑一种轻盈、灵动的美感。而精致的雕刻与彩绘则不仅是装饰，更蕴含深厚的文化内涵，象征吉祥、福祉和家族的兴旺。例如，故宫的宫殿中遍布龙凤图案和祥云纹样，这些图案不仅是装饰的元素，更承载着权力、尊贵与天命的象征意义。

相比之下，西方建筑从古希腊、古罗马时期的石质结构发展到哥特式建筑的高耸尖顶结构，再到现代建筑的钢筋玻璃结构，展现了人类对垂直高度和理性秩序的追求。西方建筑注重对几何形态的精准控制与空间的垂直扩展，体现出对秩序与比例的追求，例如古希腊的帕特农神庙和古罗马的万神庙，均以对称、均衡和理性的美学为核心。而我国古建筑则更注重水平空间的延展和与自然环境的和谐统一，通过曲折的布局与灵动的空间设计营造宁静与隐逸的氛围，例如苏州园林中的亭台楼阁，皆与周围的山水相得益彰，形成"虽由人作，宛自天开"的自然意境。

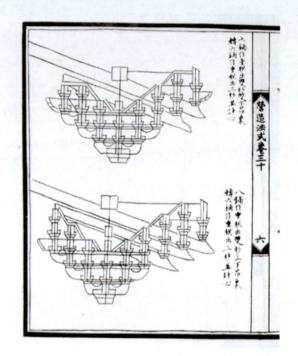

图 3-13　［宋］《营造法式》铺作图，"铺作"即"斗拱"

中西方建筑在材料、结构与美学理念上有显著不同。西方建筑更多依赖石材、钢筋等坚固的材料来实现永恒的纪念性，而我国建筑则崇尚木材的柔韧与自然的亲和力，体现出天人合一的和谐理念。然而，两者在文化与社会的塑造中都起到了不可替代的作用。通过这些建筑，我们得以窥见各自文化的深层精神与美学追求，并从中感悟人类与空间、时间及自然的关系。

3.4.2　空间美学：建筑的形式与功能

建筑作为一门综合艺术，既需满足实用功能，又要通过形式展现出独特的美学与文化内涵。形式与功能的结合是建筑设计的核心，这不仅影响建筑的结构与布局，也反映了不同文明对空间、社会和自然的理解与追求。

在我国古建筑中，形式与功能的结合往往通过与自然的和谐融合来实现。苏州园林（见图 3-14）作为中国传统园林的典范，是形式与功能统一的具体表现。园林设计不仅为居住、游览提供了实用空间，更通过精妙的形式语言表现出人与自然共存的美学追求。"留白"与"曲径通幽"的设计使园林空间既有视觉上的灵动与深远，也满足了空气流通、光线调节等功能性需求，体现了形式如何在满足功能需求的同时，展现出诗意的审美境界。

图 3-14　我国苏州拙政园

苏州园林中的亭台楼阁也体现了这种形式与功能的完美结合。亭子的设计不仅为观景提供了理想的场所，也因其四面通透、构造轻盈，增加了人与自然的互动。形式上，亭子与周围的水景、山石融为一体，形成了视觉与空间上的和谐；功能上，它为休憩、观赏提供了实际用途，创造了人与自然共存的舒适体验。苏州园林的设计通过精妙的形式设计与自然元素的结合，不仅提升了空间的实用性，更体现了中国建筑美学中追求的灵动与宁静。

在西方建筑中，形式与功能的结合则更多体现出对结构力量与几何秩序的追求。法国的凡尔赛宫（见图 3-15）便是西方建筑中形式与功能结合的典范之一。作为 17 世纪法国巴洛克建筑的代表，凡尔赛宫不仅是一座皇宫，它的建筑形式也象征法国王室的权威与秩序。凡尔赛宫的建筑布局呈现出严格的对称性，宫殿主楼与广场的线性延展强化了空间的庄重感，并通过层层递进的建筑形态，体现了封建等级制度的严格层次。其形式不仅体现了建筑的视觉美感，更强化了其作为权力象征的功能。建筑中的长廊与宽广的花园，使得空间的功能得以扩展，同时保持了形式上的严谨与恢宏。

图 3-15　法国凡尔赛宫

此外，意大利佛罗伦萨的圣母百花大教堂也是形式与功能结合的经典范例，如图 3-16 所示。作为文艺复兴时期的建筑杰作，它不仅以其巨大的穹顶闻名于世，其建筑形式也通过几何与结构的创新，服务于宗教与社会功能。穹顶的设计在形式上具有震撼的视觉冲击力，同时其复杂的力学结构也解决了巨大的内部空间支撑问题。圣母百花大教堂的建筑形式通过精细的细节处理和宏伟的结构设计，既满足了宗教场所所需的肃穆与神圣氛围，又在功能上提供了宽敞、庄严的空间。

图 3-16　意大利圣母百花大教堂穹顶及其内部

通过比较中西方建筑，我们可以看到，形式与功能的结合不仅是技术需求的体现，更反映了各自文化的差异性。在我国建筑中，形式往往与自然环境融为一体，通过灵动的空间设计服务于居住与自然的和谐。在西方建筑中，几何与秩序成为形式与功能结合的关键，建筑不仅满足使用需求，还通过结构的形式表达权力等社会功能。无论是中式苏州园林中的灵动空间，还是西式宫殿与教堂中的宏伟建筑，形式与功能的结合始终是建筑设计中的核心。它们不仅满足了生活或政治的需求，还通过建筑形式的独特表达，传递出特定文化中的美学追求与价值观。

3.4.3　文化对话：建筑中的传统与现代

建筑作为人类文明的重要载体，不仅是物质空间的创造，更承载着深厚的文化内涵。从古至今，建筑一直在传递特定的社会价值观、审美理念和生活方式。随着时代的变迁，传统建筑的文化符号与现代建筑的创新思维相交织，构成了一场跨越时间与空间的文化对话。建筑不再只是一个实用的场所，更是传统与现代相互碰撞、交融的艺术表现形式。

然而，随着科技的进步与社会的转型，现代建筑在形式、材料和功能上有了前所未有的创新。建筑师们不仅从技术上推陈出新，还通过对传统文化元素的重释，使建筑成为文化传承与现代化创新的桥梁。例如，上海世博会中国馆（见图 3-17）以现代设计手法重新诠释了传统建筑中的斗拱元素，采用了大胆的几何造型和现代材料，使这一传统符号焕发出新的生命力。中国馆不仅是科技与文化的融合，也通过建筑的独特造型展示了中华优秀传统文化与现代建筑创新的融合。

图 3-17　上海世博会中国馆

在西方，建筑师们也在探索如何通过现代建筑设计回应传统文化的价值。以伦敦的碎片大厦为例，这座现代化的摩天大楼以其高耸的形态和独特的玻璃外墙设计成为伦敦天际线中的标志性建筑。它的设计不仅展现了现代建筑的创新思维，同时也保留了传统建筑中的秩序感和比例感。碎片大厦通过其简洁、现代的风格，与伦敦历史建筑的古典风格形成了鲜明对比，成为现代与历史共存的文化象征。

传统与现代的对话不仅仅体现在建筑外形上，也体现在建筑的社会功能与文化内涵中。以北京大兴国际机场（见图3-18）为例，机场的设计灵感来源于我国传统的"凤凰展翅"意象，这一文化符号通过现代科技手段被巧妙地融合进了建筑设计中。机场的结构既融入了中华优秀传统文化中的吉祥象征，又通过其创新设计满足了现代航空交通的需求。通过这样的设计，传统文化与现代功能在建筑中实现了深度对话与融合，赋予了建筑更丰富的文化内涵。

图3-18　北京大兴国际机场

当代建筑师们在设计过程中，越来越关注如何将传统文化与现代技术结合，创造出既符合时代精神，又承载文化记忆的建筑作品。法国巴黎的阿拉伯世界研究中心（见图3-19）便是这一探索的成果之一。在全球化的背景下，建筑正成为文化交融的重要平台。无论是我国的传统元素在现代建筑中的重生，还是西方建筑中传统与现代的对比，这些建筑作品都在不断打破时间和地域的限制，通过创新设计承载和表达着不同文化的精髓。建筑中的文化对话不仅是一场形式上的碰撞，更是思想与理念的交融，它为我们展示了人类文明的延续与发展。

图 3-19　阿拉伯世界研究中心

―||‖|‖|‖― **思 辨 讨 论** ―

　　1987 年，阿拉伯世界研究中心由著名建筑师让·努维尔设计，在法国巴黎建成，标志着阿拉伯世界与西方现代建筑思潮的深度交融。阿拉伯世界研究中心的设计从文化和艺术的深层融合出发，巧妙地将阿拉伯传统元素与现代建筑形式结合在一起。建筑的外立面采用了现代化的材料，如玻璃和金属，同时巧妙地融合了阿拉伯传统的几何图案和装饰元素。最具代表性的设计是建筑外立面上的"马什拉比亚"元素。马什拉比亚窗是阿拉伯建筑中典型的装饰性和功能性元素，它用于遮挡阳光、调节室内温度和保护隐私。在阿拉伯世界研究中心的设计中，马什拉比亚窗被转化为可调节的现代金属百叶窗，既保留了传统的象征意义，又通过数字化技术实现了功能上的优化。在建筑内部，光线的引入成为一项重要的设计元素。光线穿透细密的金属格栅，投射出带有阿拉伯风情的精美阴影，暗含了阿拉伯文化中对光明和神圣的追求。

　　请思考以下问题，并展开讨论。

　　1. 如何看待地域性与全球化建筑风格之间的平衡？

　　2. 阿拉伯世界研究中心作为文化展示平台，不仅是一个建筑项目，也是阿拉伯文化与西方文化的交流桥梁。建筑如何在全球化时代担负起文化对话的角色？是否可以通过建筑设计的创新方式，促进不同文化间的理解和尊重？

美的经典

观看不仅是对表象的视觉接受，它是一种动态的感知过程，通过不断变化的观看路径，观者进入艺术家精心构建的情感和思想世界。在视觉艺术中，艺术家通过运用视觉焦点、光影、构图等元素，不仅引导观者的目光，更引导其内心产生情感共鸣。约翰·伯格在其著作《观看之道》中指出，人们观看事物的方式，受知识与信仰的影响。观看是一种复杂的行为，它融合了个人的文化背景、历史经验和知识结构。因此，同一幅作品在不同文化背景和时代下，观者的观看方式会发生变化。观看的过程不仅是当下的感知体验，更是一场关于历史、文化和身份的对话。

《宫娥》（见图 3-20）是西班牙画家迭戈·委拉斯开兹于 1656 年创作的经典之作，画中描绘了西班牙宫廷的日常场景。作品中的人物看似在摆姿势等待被画，中心人物是年幼的玛格丽塔公主，但最吸引目光的却是站在左侧画架旁的画家委拉斯开兹自己。

观看之道在《宫娥》一作中表现得极为精妙。首先，委拉斯开兹通过复杂的构图和光影效果，引导观者的目光。公主位于画面的中心，被明亮的光线照亮，而周围人物则位于较暗的背景中，使公主成为视觉的焦点。然而，观者很快发现画作中的其他

图 3-20　［西班牙］迭戈·委拉斯开兹《宫娥》

元素，如后景中的镜子、画架上的画作及门口的仆人，仿佛在暗示着某种情感的交织。随着观者的目光在画面中游走，不同的情感和意义逐渐显现：光与影、现实与虚幻之间的界限被模糊，画中人物的目光也仿佛直视着我们，似乎观众成了作品的一部分。随着目光的移动，画中的故事和情感层层展开。公主是视觉的焦点，但随着观看的深入，观者的注意力开始转向委拉斯开兹本人的形象——他正在画作中创作。这仿佛在提醒观者，这不仅是一幅画，更是关于观看、关于艺术创作本身的反思。

美的探索

1. 当你第一次看到《宫娥》时，你的目光被画中的哪个部分吸引？

2. 《宫娥》中的镜子和画架暗示了怎样的观看方式？这些元素如何影响观者的观看体验？

3. 如果将《宫娥》放置在现代背景中，你认为其内在情感和思想是否会引发不同的解读？

美的实践

1. 从经典艺术作品中挑选一幅画作（如《星月夜》《宫娥》等），通过滤镜应用为该作品添加三种不同风格的滤镜（如冷色调、暖色调、高对比度等），观察滤镜如何改变作品的氛围与情感表达。

2. 从经典名画中选择一幅作品，以小组为单位，分两轮逐步放慢节奏进行观察。第一轮，专注作品的整体构图和色彩布局，体会这些元素如何引导观者的情感。第二轮，聚焦作品中的细节，如人物的表情、光影的变化或背景中的小物件，探索这些细节如何深化作品的情感内涵。

3. 观察结束后，使用放大镜，选择作品的某一部分进行深度观察，发现隐藏在画面中的笔触、纹理或光线效果，分享通过不同观察方式所发现的细节。

第四章
声影律动——表演艺术的交响

本章导语

    本章旨在引导学生深入探索音乐、舞蹈、戏剧和电影这几种艺术形式的独特魅力，通过节奏、旋律、动作与光影的交织，感受人类情感和文化表达的丰富性。音乐以声触心，舞蹈以形动人，戏剧于舞台上演绎人生百态，电影则通过镜头凝聚光影故事。通过本章的学习，学生将感受到这些艺术形式在激发感官共鸣与情感共振中的独特魅力，理解表演艺术如何在当代语境中不断丰富人类的艺术体验。

美育目标

- 掌握表演艺术的核心表达方式；
- 通过欣赏和分析多样化的表演艺术作品，理解其情感表达的丰富性与文化背景的深刻性，领会艺术作品中的叙事层次和精神内涵；
- 培养对艺术作品的批判性思维，提升对表演艺术的审美鉴赏力。

美的导航

在当今快节奏的生活中，短视频、快速剪辑的影视片段、节选的流行音乐等，已成为人们主要的艺术体验方式。音乐、舞蹈、戏剧和电影等表演艺术逐渐被"快餐化"的传播方式所主导。人们可以在有限的时间内追求艺术带来的即时刺激和瞬间快感，但与此同时，艺术本身的情感积淀、叙事深度和文化内涵容易被忽略，难以形成长久的共鸣。

"艺术快餐化"的现象尤为明显地体现在剧院和影院的境遇中。随着流媒体、自媒体平台的普及，人们更倾向于在家中通过手机、平板等设备快速观看精简片段，而不愿意花费时间走进剧院或影院，完整体验一场舞台演出或电影放映。正因如此，许多艺术创作者不得不在内容创作上进行妥协，以迎合大众的快速消费习惯。面对艺术"快餐化"带来的挑战，本章将引领我们重新认识和理解表演艺术的真正意义。通过深入探讨音乐、舞蹈、戏剧和电影的多样表现形式，我们将学习如何在快节奏的信息时代中，保持对艺术深度的追求和对情感的长久共鸣。

结合"艺术快餐化"等现象，请思考以下问题。

1. 在当今短视频和流媒体主导的艺术消费时代，你是否仍有耐心和兴趣去观看一部完整的舞台剧、电影或参与一场音乐会？你是否认为这些传统艺术形式仍然在现代生活中有不可替代的价值？

2. 如今越来越多的人倾向于在社交媒体上接触片段化展示的艺术作品，例如电影解说、舞蹈短视频和音乐混剪。你认为，如何在这种传播模式下重新激发人们对完整艺术作品的兴趣，并引导他们回归深度体验？

本章慕课

美的漫步

4.1 音乐——心弦共鸣

音乐的起源可以追溯到远古时代，当时的人类开始模仿大自然的声音，并逐渐创造出节奏和旋律。远古时期，先人把声音与宇宙自然联系起来，通过对大自然的感受、认识，对自然印象不断描述、模仿，在劳动生活中创造了音乐，找到了音乐形成的自然规律，逐渐形成了音节、调式、律制；并且在将声音逐步发展为优美的音乐的同时，建立了音乐与宇宙自然规律的最初联系。人类最初的音乐表达与日常生活密不可分，如狩猎、仪式、庆典等活动都充满了音乐的元素。音乐不仅是一种情感的表达方式，也是人类在集体生活中加强联系的手段。作为人类共同的文化遗产，音乐无国界、跨语言，是人类心灵的共鸣。

4.1.1 乐者，天地之和

斯洛文尼亚出土的尼安德特骨笛约有 6 万年的历史，被认为是人类已知最古老的骨制吹奏乐器，展现了早期人类在音律探索上的非凡智慧，也反映了音乐在情感表达和社群联系中的重要作用。同样，在我国河南贾湖遗址，考古学家发现了一种距今约 9 000 年的新石器时代骨笛，如图 4-1 所示。这款由飞禽中空的尺骨制成的贾湖骨笛，是中国音乐史上一件珍贵的文化遗产。其精巧的音孔布局，彰显了远古先民对音律的深刻理解和对声音世界的细致探索。透过这支骨笛，我们仿佛能听到那遥远年代的回响，感受到古人对声音的敏锐感知和独特创意。它展现了新石器时代人类对艺术与技术的探索精神，也折射出人类对韵律和和谐的无尽追求。

英语中 music（音乐）一词源自希腊语 "mousike"，意为 "缪斯之艺"，即缪斯女神的艺术。在古希腊神话中，九位缪

图 4-1　新石器时期，贾湖骨笛

斯女神（见图 4-2）象征着不同的艺术领域，其中包括音乐、诗歌、舞蹈和戏剧等。音乐在希腊文化中被视为灵感与创意的核心，是缪斯女神赋予人类的精神礼物，是声音的艺术，更是思想和灵魂的吟唱。古希腊人认为，音乐具备独特的抒情性和表现力，能够穿透人类心灵的屏障，触及最深层次的情感与理想。因此，在古希腊社会中，音乐除了作为一种艺术形式，还是教育、宗教和社会生活中的重要组成部分，影响人们的思维和情感。希腊哲学家柏拉图在《理想国》中曾说："用音乐来陶冶心灵"，这突显了音乐在审美上的重要性，也展示了其在道德教化和心灵净化上的潜在力量。

图 4-2　缪斯女神石棺

音乐在中华优秀传统文化中被视为调和天地、感化人心的重要媒介。《周易》中有云："鼓之以雷霆，润之以风雨。"古人认为，音乐不仅能反映自然界的节奏，还能与天地之道相合，是人与自然共鸣的一种体现。我国古代经典《乐记》中提到："乐者，天地之和也。"这句话揭示了音乐在我国文化中的独特地位：它不仅是人类情感的表达，更是道德秩序与天地和谐的象征。在我国的儒家文化中，音乐被赋予了伦理和社会功能，被视为修身养性的手段。孔子在《论语》中曾言："兴于诗，立于礼，成于乐。"意指音乐能够激发人的情感，使人从心底产生对美德的追求，最终实现个人修养的完善。在古代宫廷乐舞中，乐音与舞姿常常是礼仪的一部分，象征国家秩序的稳定与和谐，音乐被视为维持社会秩序的重要手段之一。

无论是西方的"mousike"还是我国古代的"乐"，音乐始终承载着人类对内心世界的表达及对天地的敬畏。音乐的起源与发展历程体现了人类对美与和谐的不懈追求。它不仅是声音的艺术，更是情感的表达、文化的传承和精神的沉淀，是连接人类心灵与自然、历史和社会的重要桥梁。

4.1.2　音乐中的节奏与旋律

音乐中的节奏与旋律不仅是声音的组合，更是情感的律动与心灵的共鸣，是艺术表达中最为直观且富有生命力的元素。无论在西方还是在我国音乐中，它们都是通往情感深处的桥梁，是艺术家用以描绘世界、表达内心的基本语言。

在西方音乐中，节奏往往具有强烈的驱动力，是情感叙事的引擎。巴赫的《勃兰登堡协奏曲》中多层次的节奏交织，通过弦乐与管乐之间的对话，营造出生动而富有层次的音乐对话场景，传达出乐观与活力的情绪。节奏在西方音乐中不仅是时间的标记，更是一种结构化的情感推进力量，它能够带领听众在音乐的跌宕起伏中感受戏剧般的张力与变化。而在旋律方面，贝多芬的《月光奏鸣曲》则以旋律的连绵与和声的精巧搭配，将深沉的孤独与宁静情感表现得淋漓尽致。旋律在西方音乐中常以对比、变奏与复调等手法来表现人类情感的复杂性，音符之间的渐进或骤变，如同情感世界的多样面貌。

相比之下，我国音乐则更注重节奏的灵活与旋律的流动。节奏的变化常常根据情感的自然起伏而进行，仿佛呼应了我国哲学中"道法自然"的思想。例如，古琴曲《流水》以自由灵动的节奏展现水流的自然状态，不受固定节拍的束缚，而是以自由舒展的音符呈现出水流的轻盈与无拘无束。旋律方面，我国音乐偏爱五声音阶，它通过简洁而深远的音调，营造一种自然、内敛的氛围。例如，在古曲《阳关三叠》中，曲调通过层层反复和细腻的音程变化，传达出送别时的依依不舍与深情厚谊，这种旋律不仅描绘出特定的情境，更成为情感记忆的载体。

从节奏的明快紧凑到旋律的起伏跌宕，无论是西方音乐的张力与逻辑，还是我国音乐的内敛与空灵，它们都以各自独特的方式诠释了人类对生活、情感与自然的多层次理解。在这一过程中，音乐超越了听觉上的体验，成为文化和情感在时间与空间中的延续，是东西方文化对人类内心情感的深刻探索和表达。节奏和旋律的交织，仿佛无声的语言，将人们从日常生活的平凡中拉入一个更加广阔而深邃的情感世界。

4.1.3　音乐中的情感表达与叙事

音乐的情感表达与叙事，是艺术家通过旋律和节奏触动听众内心的独特语言。从情感表达层面来看，音乐通过旋律线条的起伏波动，精准地传递各类情绪。上扬的旋律可能带来欢快、激昂之感，如同人们内心的喜悦在跳跃；下沉的旋律则往往烘托悲伤、深沉的氛围，恰似心底的哀愁缓缓流淌。同时，节奏的快慢、强弱变化也是情感表达的要素。急促有力的节奏通常展现激动、紧张的情绪，像心跳在加速；而舒缓轻柔的节奏，则有助于营造安宁、平和的心境，似微风轻拂心田。从叙事层面来看，西方音乐多借助严谨的曲式结构来铺陈故事。交响乐常常以鲜明的主题动机开篇，通过不同乐章间旋律、节奏、和声等要素的变化与发展，层层递进地展现故事全貌，引导听众在音乐的逻辑架构中感受情节的跌宕起伏，使其仿若置身于宏大的戏剧场景。与之相对，我国传统音乐叙事风格更为含蓄内敛。凭借独特的演奏技法与节奏韵律变化，勾勒如诗如画的意境，将故事与情感融入其中，让听众在品味诗意情境时，体会弦外之音所蕴含的故事脉络，以细腻入微的方式触动人心。

1. 情感表达

在西方音乐中，情感表达的鲜明与直接常常通过戏剧性的乐章结构来呈现。例如，贝多芬的《命运交响曲》以强烈而鲜明的开篇主题揭示了与命运抗争的坚韧情感，而在随后的乐章中，乐队的不同声部通过各自的旋律发展，展现了从沉重的困境到斗志昂扬的决心，再到最终胜利的精神状态。旋律的层层推进和节奏的逐渐增强，仿佛带领听者经历一场激烈的情感旅程，使听者在音乐中感受生命的斗志与活力。又如马勒的《第五号交响曲》在其标志性的"葬礼进行曲"部分后，逐渐展开一系列情感的蜕变和精神的升华，将悲剧与希望交织成一场情感的叙事诗，令人心潮澎湃。

相比之下，我国传统音乐以细腻、含蓄的情感表达见长。二胡曲《二泉映月》通过悠扬深沉的旋律，倾诉盲人音乐家阿炳对人生的感悟与对命运的叹息。乐曲中深情的滑音与细腻的揉弦，仿佛涓涓流水，在低回婉转中展现了哀而不伤的情感力量。旋律如同夜晚月光映照在泉水上的微波，既有孤寂，又透着宁静的美感。琵琶曲《春江花月夜》则以清丽流畅的旋律，描绘了春日江边的柔美景色和人对自然的深情礼赞。乐曲结构严谨又层次分明，时而轻快，时而悠缓，将江水的流动与月色的皎洁交织于听者的心中。这些乐曲通过意境的营造和情感的细腻表达，让听者不仅在听觉上感受旋律之美，更在想象中领悟乐曲背后的诗意与精神力量。

2. 叙事

中西方文化的差异为音乐叙事披上了各具特色的外衣。西方音乐，在交响乐、协奏曲等大型体裁作品里，惯于凭借严谨精密的曲式结构搭建叙事框架。以柴可夫斯基的《罗密欧与朱丽叶》幻想序曲为例，其采用奏鸣曲式结构组合中的变体曲式——双奏鸣曲式写成。作者采用这种结构较为庞大的双奏鸣曲式，是由剧情的复杂性及其深刻的悲剧性决定的。

开篇庄严而深沉的前奏，瞬间奠定了故事的悲伤基调。紧接着，柔美的"爱情主题"如罗密欧与朱丽叶初见时的心动火花，在乐章中反复回荡，纯净且炽热。随着音乐推进，急促的节奏和宏大激烈的乐队齐奏纷至沓来，生动展现出家族矛盾、世俗阻碍引发的冲突，层层递进，直至结尾处那令人心碎的悲怆收束。听者宛如目睹这段绝美爱情在命运巨轮下被碾碎，领略了西方经典悲剧架构下爱情的跌宕起伏。其叙事依托复杂曲式的逻辑编排，在强烈的情绪对比与节奏张弛间，铺陈出扣人心弦的故事。

反观我国音乐叙事，以《梁祝》小提琴协奏曲为典型代表，更似一幅诗意流淌的工笔画卷。它摒弃规整的结构框架，凭借极具感染力的旋律与细腻入微的情感层次，编织出梁山伯与祝英台的千古传奇。小提琴以其柔美而哀婉的音色担纲主角，开篇"草桥结拜"时，轻快跳跃的音符恰似两位主人公初遇瞬间的欣喜与温暖之感，拂面而来；行至"抗婚"与"楼台会"章节，旋律急转直上，激烈的乐句与强烈的和声，仿若能看到祝英台反抗包办婚姻的坚毅、二人楼台相见泪眼相向的无奈，声声泣诉，直击人心；最终"化蝶"段落，悠扬舒缓的旋律腾空而起，将这场爱情悲剧升华为浪漫的永恒，留给听者无尽的惆怅与回味。

《罗密欧与朱丽叶》与《梁祝》，尽管音乐语言有所不同，但二者都通过旋律的递进、情感的深邃和情节的跌宕，展现了爱情的美好与对宿命的无奈。两者的共鸣既体现了中西方音乐对爱情主题的共同追求，也让听者在情感的共振中感受到音乐的诗意与力量。两部作品通过音乐的叙事性，使得情感超越了文化和地域的界限，成为人类精神世界的共通语言。

美与生活

地域·人·音乐——音乐与地理的碰撞

不同文化和民族的代表性乐器不仅是历史演变的结果，也深刻反映了该地区的自然环境、社会结构和文化背景。每种乐器的音色、构造和演奏方式，都是一个民族文化特征的缩影。自然环境使乐器的音色和演奏风格贴近该地区的地理特性，如古琴的沉稳和葫芦丝的灵动分别展现了我国文人墨客的文静与云南少数民族的热情；社会结构则塑造了乐器的表达方式和情感内涵，钢琴的复调与二胡的细腻，分别映照了西方的理性思考与我国的人情体悟；民族性格则在乐器的音色和节奏中得以彰显，非洲鼓的强烈节奏展现了非洲文化的原始生命力，而印度的西塔琴（见图 4-3）

则以其丰富的旋律变化传达了印度文化中的哲思与精神性。不同地区的乐器不仅反映了各自的自然、社会和文化背景，也传达了人类对美的多样理解和独特表达。

图 4-3　演奏西塔琴的印度妇女

请你阅读上述材料，并仔细思考。

1. 你所在的地区或家乡有哪些特色乐器？这些乐器的音色和演奏方式如何反映当地的自然环境和人文特点？你认为这些乐器在现代社会中有何演变和发展？

2. 你觉得传统乐器（如古琴、二胡）是否仍然在当代年轻人中保持着文化认同感？在全球化的今天，不同文化的乐器如何在现代音乐创作中碰撞与融合？

在音乐叙事的多样性中，电影配乐扮演着重要角色。在电影中，音乐往往是推动剧情发展的重要力量。约翰·威廉姆斯为《辛德勒的名单》创作的主题曲，采用小提琴的独奏，伴随着悲怆的旋律和低沉的音调，深刻地揭示了影片中二战时期犹太人的苦难。同样，张艺谋的电影《英雄》中，谭盾的配乐以鼓点和男声吟唱，将壮观的战斗场面与悲壮的情感交汇。配乐在剧情的叙事中无缝融入，让观众在视觉中感受到故事的节奏，也在音乐中品味到情感的起伏。

无论是交响乐的波澜壮阔，还是古琴曲的静默深沉，无论是歌剧的戏剧张力，或是电影配乐的情感渲染，音乐通过旋律和节奏将情感的深度与叙事的力量相结合，让听者在旋律中找到情感的共鸣，更让人们在音乐的叙事中感受到人类情感的多样性与生命的厚重。音乐以其丰富的表达方式，让情感超越了语言的局限，为人们提供了跨越时空与文化的情感连接。

4.2 舞蹈——翩若惊鸿

早在人类学会语言之前，舞蹈就已经成为表达情感、进行祭祀仪式、庆祝丰收和传递故事的重要方式。舞蹈的起源，可追溯至人类对自然环境的观察与体悟以及对自身生命特质的展现两个层面。一方面，早期人类在与自然共处的过程中，出于对自然现象及生物行为的细致观察，萌生出模仿的冲动。他们将风云变幻的现象、鸟兽灵动的姿态等自然元素，通过提炼、加工，转化为富有韵律感的肢体动作，借此表达对自然伟力的尊崇与敬畏，这类源于自然模仿的舞蹈动作构成了早期舞蹈的重要组成部分。另一方面，舞蹈也是人类生命活力的外在彰显。人类自身所具有的蓬勃生命力，如肌肉的力量、肢体的柔韧性以及运动的节奏感等，均可通过舒展的肢体、有力的动作在舞蹈中得以直观呈现，展现出人类生命原始的、昂扬向上的力量。在许多古老的文化中，舞蹈不仅是人类身体的律动，更是一种精神的律动——它将人类内在的情感通过身体的姿态和动作展现出来，形成了人与天地、人与人之间的心灵共振。

4.2.1 舞动古今

关于舞蹈最早的图像记载，可以追溯到史前时期的岩画。在印度的比莫贝特卡岩洞中，考古学家发现了距今约3万年的舞蹈岩画，画面中清晰地描绘出一群人围成圆圈起舞的场景，如图4-4所示。岩画中形象生动的舞蹈者，有着夸张的手臂动作和双腿姿态，展现出人类最原始的舞蹈形态。类似的岩画还出现在西班牙的阿尔塔米拉洞窟和法国的拉斯科洞窟。在史前艺术中，舞蹈不只是单纯的娱乐，还是宗教仪式和社群生活的重要组成部分。

图4-4 ［印度］比莫贝特卡岩洞岩画

在我国，最早的舞蹈形式可以追溯到《诗经》和《尚书》中记载的"佾舞"和"羽舞"。无论是古代宫廷中的祭祀舞，还是田野乡间的丰收舞，都体现了我国古代舞蹈与社会生活和自然崇拜的密切联系。这种舞蹈不仅是身体的表达，更蕴含着中华优秀传统文化中对于礼乐精神的追求和内在情感的含蓄表达。

例如，汉代的"长袖舞"以柔美婉转的动作表现出古人对风的模仿和对天地之间和谐之美的敬意。江苏省徐州市出土的西汉陶绕襟衣女舞俑（见图4-5），形象地表现了舞者优雅流畅的舞姿，其身体随着舞步的变化呈现出"S"形，双臂高举，曲线自然，如同长袖随风摆动，充满了生命力，长长的衣袖从空中向身后飘下，动感十足。

图4-5　[西汉]陶绕襟衣女舞俑

从舞俑造型看，其所跳的应是当时盛行的长袖折腰楚舞。陶俑的面部表情专注而柔和，仿佛沉浸在舞蹈带来的内心平静与愉悦之中。该作品不仅展示了汉代舞蹈的形式美，更通过舞者的姿态传递出当时人们对和谐美的追求，仿佛将观者带回到了那个舞姿翩跹的古老时代。

与我国舞蹈的含蓄和优雅相比，西方古典舞蹈更强调身体的力量与张力。在古希腊，舞蹈被视为与神灵沟通的神圣艺术，也是宗教仪式的重要组成部分。伴随诗歌和音乐，舞蹈在希腊戏剧中扮演了重要角色，成为表达人类情感、歌颂英雄史诗和传播神话故事的有力手段。在文艺复兴时期，欧洲的芭蕾舞兴起，标志着舞蹈艺术进入了一个崭新的阶段。芭蕾舞强调精准的动作和严谨的结构，舞步与旋律高度契合，通过优雅的肢体语言表达出舞者对美的理解与探索。芭蕾舞不仅要求舞者具备出色的舞蹈技术，还要求其追求身体与心灵的高度和谐，从而展现西方艺术中对身体美与精神美的统一。图 4-6 为法国作家埃德加·德加于约 1877 年创作的粉彩画《舞台上的舞女》，作品以俯视的角度描绘了一名正在跳芭蕾舞的舞女。

图 4-6　［法］埃德加·德加《舞台上的舞女》

4.2.2　舞蹈与文化：从传统到现代

现代舞的出现为舞蹈注入了新的生命力，它打破了传统舞蹈的约束，强调自由、个性与深刻的情感表达。例如，美国现代舞大师玛莎·葛兰姆通过编舞探讨人类内心的复杂情感以及对社会的反思，她的舞蹈动作中充满了力量、挣扎与激情，展现了人类精神世界的丰富多样。葛兰姆的作品如《即时的悲剧》，通过夸张的肢体动作和极具张力的节奏变化，表现了人类在困境中的挣扎与抗争。

而在我国，现代舞与传统文化元素巧妙融合，形成了独具特色的表达方式。杨丽萍的《雀之灵》（见图 4-7）便是这一融合的典范，她将民族舞的精致与现代舞的自由解放相结合，以柔美而灵动的舞姿呈现出人与自然之间的微妙联系。《雀之灵》中的每个舞步、每次旋转，仿佛都在讲述人与自然和谐共生的故事，展现了舞蹈艺术在现代社会中表达自然之美的独特力量。通过这些探索与创新，现代舞不仅成为艺术的表现形式，也成为人们反思自身、审视社会的重要途径。

图 4-7　杨丽萍《雀之灵》

　　从传统到现代，舞蹈作为一种跨越时间与空间的艺术形式，展现了人类对美的不断追求与对自我表达的渴望。无论是承载历史记忆的传统舞蹈，还是充满创新精神的现代舞，舞蹈都在用肢体语言讲述着人类的故事，传递着不同文化背景下的共鸣与情感。通过舞蹈，我们不仅可以感受到历史的厚重与文化的深邃，也能体会到现代社会的多样性与人类精神的自由追求。

美与生活

飞天舞韵

　　敦煌壁画中最具代表性的画作之一是莫高窟第 112 窟中的《反弹琵琶》，如图 4-8 所示。这幅壁画描绘了一个舞者在飞天姿态中弹奏琵琶的场景，舞者一只脚踮起，一只脚微微抬起，姿态轻盈且充满流动感，衣袂随风扬起，呈现出飘逸灵动的效果。舞者的长袖在空中划出优美的弧线，身姿展现出古典艺术中优雅和灵性的完美结合。

　　源于敦煌石窟壁画的敦煌舞，是我国古典舞蹈的一种重要表现形式。其舞姿轻盈飘逸，动作曲线优美，常见的"飞天"姿态体现了佛教艺术的神秘与灵性。舞者的动作如"甩袖""展翼""拱手拜月"等，展现出一种飘然欲飞的意境。敦煌舞以弧形的身姿和流畅的线条为核心，舞者的动作注重手臂的延展和身体的曲线表达，展现出如梦似幻的视觉享受。

图 4-8 ［唐］《反弹琵琶》，甘肃省敦煌莫高窟第 112 窟壁画局部

欣赏、观察敦煌壁画中的飞天乐伎形象，并尝试体验以下任务。

1. 模仿敦煌壁画上的"飞天"舞姿。男生可以尝试表现壁画中的阳刚舞姿，如"抛袖""踏步"；女生则可以模仿"甩袖""展翼"等柔美动作。通过手臂的延展、腰身的摆动和脚步的轻盈，尽量还原壁画中人物的姿态和情感表达，展现出飞天般的优雅和灵动。

2. 通过身体的表达，你能感受到怎样的文化和精神内涵？请结合你的体验，讨论舞蹈如何超越语言和图像，传递情感与故事。

4.3　戏剧——悲喜交织

中西方戏剧在起源和发展上各具特色，但在一个核心特质上高度一致，那便是"悲喜交织"。这不仅贯穿戏剧情节的编排，更是戏剧作为艺术形式的内在本质。戏中悲与喜的交融与对比，既增添了情感的层次感，也反映了人类对生活多样性的深刻理解。生活本就是一场五味杂陈的旅程，既有苦难挫折带来的悲伤泪水，又有美好瞬间引发的欢声笑语，戏剧作为生活的艺术映照，通过悲与喜的交融碰撞，精准地捕捉并放大了生活的多样性，让观众在一方小小的舞台之上，领略人生的百态，体悟命运的无常，进而深化其对自身与世界的理解，这也正是戏剧艺术经久不衰、魅力永恒的关键所在。

4.3.1　中西戏剧的悲喜魅力

西方戏剧发端于古希腊的宗教仪式，其中悲剧和喜剧分别起源于对酒神狄奥尼索斯的祭祀活动和乡村丰收的庆典仪式。悲剧侧重于揭示人类与命运的冲突，呈现个体在苦难中的抗争与崇高品质；而喜剧则通过讽刺和夸张的手法，揭示人性的荒谬与社会的不公。尽管悲剧和喜剧在表现上截然不同，但常在一部作品中交替出现或彼此融合，使得戏剧富有深沉的痛感，也蕴含着欢笑的解脱。

以莎士比亚为例，他的许多剧作展现了悲与喜的深度交织：《哈姆雷特》（见图 4-9）虽以悲剧为主，却穿插了丑角的讽刺对白，悲中带喜形成强烈的情感反差；而《仲夏夜之梦》虽为喜剧，却也隐含着人性的复杂和情感的困惑。悲喜的对比与融合，增强了戏剧的表现力，促使观众在情感起伏中获得深层次的思考。

图 4-9　《哈姆雷特》演出剧照

我国戏剧起源于宗教祭祀和民间庆典，早期形式就已展现出悲喜交替的特点。我国传统戏曲以唱、念、做、打的程式化表演，将情感的多样性表现得淋漓尽致。以《窦娥冤》（见图 4-10）和《牡丹亭》为例，《窦娥冤》虽然剧情充满了悲剧色彩，但丑角的插科打诨却在沉重的情境中给观众带来片刻的轻松，缓解了压抑感；而《牡丹亭》则在细腻的爱情描写中，融入了生动诙谐的场景，使情感表达更为丰富。我国戏剧的"悲喜交织"不仅体现了艺术上的多维性，也展现了我国文化中"乐极生悲"与"苦中作乐"的哲理。悲与喜的转换和交织，展现了生活的复杂性，也反映了我国戏剧在揭示人性与社会矛盾方面的深度。

　　无论是西方戏剧还是我国传统戏曲，悲与喜的交融并不仅仅是表现手法，更是一种对生活、命运和人性本质的深刻诠释。悲剧的深沉与喜剧的欢愉在戏剧中彼此映衬，使得观众在观赏时既能感受到命运的重压，也能从中找到解脱与释然的瞬间。这种情感上的对比与冲突，是戏剧魅力持久的根本。

图 4-10　《窦娥冤》演出剧照

　　在此意义上，悲喜交织不仅是戏剧的艺术表现，更是一种深刻的哲学思考。它让观众在角色和情节的变化中，体悟人生的多样与矛盾，促使人们反思生活中的得与失。这种跨越文化与时空的艺术共性，使戏剧成为人类情感表达和精神交流的永恒载体，为不同文明带来了相似的审美体验和心灵触动。下面以西方歌剧与我国昆剧为例进行分析。

1. 西方歌剧

　　西方歌剧和我国昆剧是两种重要的戏剧形式。西方歌剧，如普契尼的《托斯卡》，通过激烈的情感冲突和舞台上的强烈表现，讲述了主人公托斯卡悲情而壮烈的爱情故事。舞台布景的变化、灯光的渲染，以及演员的肢体语言与面部表情，共同营造出一种紧张而压抑的戏剧氛围。《托斯卡》的演出海报如图 4-11 所示。

　　托斯卡在关键时刻唱出的经典咏叹调《为艺术，为爱情》，是一段音乐，更是戏剧性的独白，以其深沉的情感

图 4-11　《托斯卡》演出海报

和充满张力的音符刻画了托斯卡内心的绝望与虔诚。当托斯卡在濒临绝境之际唱出这首咏叹调时，她的声音时而低沉，时而激昂，仿佛在向命运抗争，又如同在哀求上天的怜悯。普契尼通过精细的音符编排，将托斯卡的内心世界展现得淋漓尽致，用管弦乐烘托女高音的情绪变化，不断加强观众的代入感，仿佛让观众也置身于托斯卡的痛苦和无助之中。

2. 我国昆剧

相比之下，我国昆剧《牡丹亭》则以细腻优雅的表演风格和富有层次的情感铺陈，呈现了杜丽娘的爱情悲喜。昆剧以其独特的舞台表现方式著称，演员通过手势、步伐和面部表情，将人物的内心世界传达得细致入微。杜丽娘在《游园·皂罗袍》选段中，吟唱"原来姹紫嫣红开遍，似这般都付与断井颓垣"时，她的每一个动作和眼神都饱含情感。昆剧演员的表演，不仅注重唱腔的优美，还通过舞台上的程式化动作和情感的层层铺展，让观众感受到杜丽娘对春光流逝和爱情消逝的深切惋惜。昆剧的情感表达如涓涓细流，慢慢浸润观众的心灵，使人们在不知不觉中沉浸于这场情感的共鸣之中。图 4-12 所示为昆剧《牡丹亭》的演出剧照。

图 4-12　昆剧《牡丹亭》演出剧照

4.3.2　戏剧中的表演与空间

戏剧的魅力源于舞台上的表演和空间的交互，每一次起承转合，都在演员的举手投足之间、在空间的虚实变化之中得到淋漓尽致的表达。表演与空间的互动，既是戏剧情感的延伸，也是观众心灵的震撼之源。

1. 表演

表演，是戏剧的灵魂。演员的一颦一笑、一举一动，都在舞台上描绘出角色的内心世界。无论是悲剧中的深情独白，还是喜剧里的欢笑喧嚣，演员的表演总能将情感的跌宕起伏细致呈现。悲剧中的表演往往如同一道低沉的琴音，演员通过缓慢而坚定的动作，将角色内心的孤独、抗争和无奈展露无遗；而喜剧的表演则如同一道流动的清泉，演员的夸张动作与风趣对白如同水面泛起的涟漪，将观众的情绪引向欢愉与轻松。

在我国戏曲中，程式化动作以其独特的美感和表现力，将角色的情感升华为舞台上不可替代的视觉诗篇。无论是京剧中的水袖翻飞，还是昆剧中的兰花指轻点，这些动作都传递出微妙的情感层次。水袖轻拂，仿佛是一阵温柔的春风掠过舞台，传达出角色的婉约与温情；而袖子猛然挥动，又如骤雨般宣泄出角色的愤懑与不甘。通过这些细腻的动作，舞台上角色的情感得以渐次铺陈，让观众在视觉中感受到情感的波澜起伏。

在京剧《贵妃醉酒》中，程式化动作被巧妙地用来塑造杨贵妃的情感世界。在这一折中，杨贵妃因期待的皇帝迟迟未至而心生愁怨。她的每一个动作、每一次回眸都蕴含着复杂的情感变化。演员通过水袖的摆动，时而轻盈舒缓，表现她对往日甜蜜时光的回忆；时而袖子猛然挥起，又展现出她内心的不满与失望。她那醉态朦胧的步伐和摇摇欲坠的姿态，既是醉酒的表现，更是角色情绪失落与无助的象征。图 4-13 为京剧《贵妃醉酒》的剧照。

图 4-13　京剧《贵妃醉酒》剧照

2. 空间

空间，是戏剧情感的载体和情境的催化剂。戏剧舞台上的空间并非只是布景的堆叠，更是情感的舞台和意象的投射。戏剧的空间可以通过布景、灯光、道具等多种工具进行设计和拓展，从而增强戏剧的表现力。在悲剧的舞台上，空间如同一幅凝重的画布，沉重的色彩与简约的布景使角色显得愈发孤单无助；而在喜剧的空间中，舞台的明亮色彩和开放布局，则充满了轻松与生气，让情节的幽默更加鲜明生动。我国戏曲的空间表现尤具虚实结合的美感。一个空旷的舞台，只需演员的几步动作，便可化作楼台亭阁、江河湖海。简约而富有象征性的舞台空间，并非为了再现现实，而是为观众的想象力留出足够的余地。演员的表演在虚拟的空间中展现出无限的情感，让人仿佛置身于角色的内心世界，与角色的喜怒哀乐同频共振。

在戏剧中，表演与空间如同一对舞者，时而配合默契，时而彼此呼应。演员在舞台上不仅是情感的传递者，更是空间的塑造者。他们的每一次转身、每一个眼神，都在赋予空间以新的意义。在西方经典悲剧《哈姆雷特》中，昏暗的城堡长廊和哈姆雷特的低语独白，共同营造出一种深沉的孤独感；而在我国戏曲《牡丹亭》中，杜丽娘的每一次轻抬舞步，都与园中春景相互映衬，使观众在视觉和情感上同时沉浸于角色的情思之中。戏剧中的表演与空间，犹如水与鱼，密不可分。演员在舞台上用表演表达情感，而空间则为这些情感提供了流动的舞台。

美与生活

打破"第四堵墙"

在戏剧表演中，"第四堵墙"是一个经典的舞台隐喻，指演员与观众之间的"无形屏障"。剧作家让·柔琏曾言：演员必须表演得好像在自己家里一样，不要去理会他在观众中所激起的感情；他们鼓掌也好，反感也好，都不要管；舞台前面必须有一面"第四堵墙"，这堵墙对观众来说是透明的，对演员是不透明的。他认为演员应完全沉浸于角色之中，将观众排除在外，就像被一堵"看不见的墙"隔离开来。然而，在某些特定的戏剧作品中，角色会故意打破"第四堵墙"——直接与观众对话、互动，甚至调侃自己正在被观看。这种表现手法常见于喜剧和实验性作品中，它打破了传统的观看与表演界限，同时增强了观众的参与感与沉浸体验感。

在电影《春天不是读书天》（见图 4-14）中，主人公菲利斯·布勒多次直接对着镜头向观众讲述自己的计划与感受，打破了叙事的单向性，使观众仿佛成为故事的一部分，带给观众轻松而富有参与感的观影体验。在中国当代作品中，话剧《恋爱的犀牛》中亦有类似手法，剧中角色偶尔直面观众，以独白或质问的方式打破剧情与现实的界限，增强了观众与表演之间的情感联结。打破"第四堵墙"的创意表达，引导观众在审美过程中主动思考表演与观看、角色与现实之间的关系。

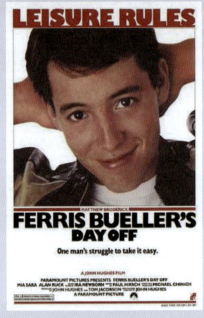

图 4-14　电影《春天不是读书天》海报

1. 分组演练：将学生分为若干小组，每组选定一个简单情境，例如失恋后的自我调侃、考前的焦虑倾诉、寝室生活的幽默吐槽等。

2. 角色准备：每组在一定时间内设定角色和情境，同时明确打破"第四堵墙"的方式，例如角色在表演过程中突然停下来，向观众解释心情、讲述内心独白或询问观众建议。

3. 即兴表演：每组在一定时间内进行即兴表演，尝试在表演过程中与观众互动，打破传统的观演关系。

4. 讨论反馈：演出结束后，师生共同讨论。打破"第四堵墙"的表演方式在不同情境中的效果如何？观众是否感受到更多的参与感？这对角色的塑造和情感表达有何影响？

4.4　电影——光影流年

电影被誉为"第七艺术"，起源于 19 世纪末的科技创新与艺术表达的交汇时期。作为光与影的结合，电影不仅记录了时间的流逝，也以其独特的叙事方式，呈现出人类情感与社会生活的复杂多样。从 19 世纪末的科技奇迹，到 21 世纪的沉浸式体验，电影在光影交织中延续着人类的梦想与情感。它如同一面时光之镜，将过去、现在和未来映射于银幕之上，既让人们在虚幻中流连，又让人们在现实中感悟。

电影的诞生是一次科学与艺术的奇妙碰撞。19 世纪末，在摄影术与活动影像技术发展的推动下，人类终于实现了对动态画面的捕捉与重现。1895 年，法国的卢米埃尔兄弟在巴黎的一家咖啡馆里进行了首场电影放映，电影艺术的曙光自此升起。仅有几十秒的影片《工厂大门》（见图 4-15）虽然内容简单，却揭示了电影艺术的无限可能——它不仅是一个科技的产物，更是一种全新的视觉语言。在这一段初创期，电影被称为"活动摄影"或"活的画面"，其震撼之处在于突破了以往艺术形式的时空限制，将瞬间的动感真实地呈现在观众面前。尽管早期的电影多以记录现实为主，但它以纯粹的方式满足了人们对动态美感的渴望，也为电影叙事打下了坚实的基础。

图 4-15　法国电影《工厂大门》剧照

电影作为"光影的诗篇"，其视觉美感通过光影与色彩的情感传达和构图与镜头语言的情感延展得以展现。它将观众带入一个个充满情感张力的画面之中，使人不仅在视觉上获得震撼，还能在情感上产生深刻的共鸣。光影与色彩是电影视觉语言中颇具表现力的元素。它们不仅为影片增添了层次感，更是情感表达的"隐形之手"，在细微处揭示角色的内心世界和情节的情感脉络。

例如，阿方索·卡隆导演的《地心引力》（见图 4-16）以其震撼的视觉效果和光影交织的深邃感，完美诠释了宇宙的壮丽与人类的渺小。在海报中，漆黑的太空背景与耀眼的星光形成强烈对比，凸显出宇宙的寂静无情，也折射出女主角在绝境中的孤独与顽强。在影片的关键场景中，女主角漂浮在蓝白色调的太空之中，冷峻的色彩让她的恐惧和希望在画面中显得尤为鲜明。光影的运用不仅增强了视觉冲击，更赋予了影片深刻的哲理意味——在孤独的无垠太空中，人类的坚持和渴望显得格外动人。

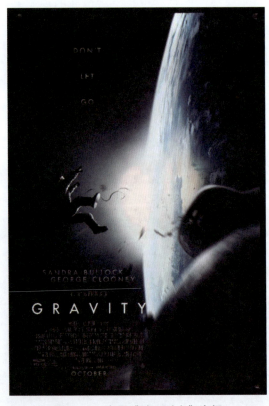

图 4-16　电影《地心引力》海报

1988 年，张艺谋执导的电影《红高粱》上映，电影海报如图 4-17 所示。张艺谋在《红高粱》中通过浓烈的红色调传达出一种狂放的生命激情。影片以色彩为主要情感载体，红色不仅象征着爱情的炽烈与抗争的决心，也暗示着生命的蓬勃和不屈。在高粱地场景中，红色几乎淹没了整个画面——这不只是视觉的冲击，更是情感的升华。与此同时，光影也随情节的推进而变化：从晨光的温柔，到烈日的炙热，再到黄昏的苍凉，每一处光影的变幻似乎都在讲述着人物内心的波澜和命运的无常。

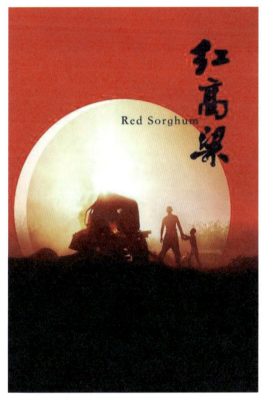

图 4-17　电影《红高粱》海报

　　构图与镜头语言是电影视觉美感的动态表现，它们通过视觉上的平衡与错位、镜头的运动与切换，赋予影片更多的叙事张力和情感深度。达米恩·查泽雷在《爱乐之城》中，通过构图与镜头语言诠释了梦幻与浪漫。影片开头的高架桥歌舞场景运用长镜头和对称构图，将角色的情感释放与城市的活力完美融合。导演以蓝色、黄色和粉色为画面的主色调，赋予了影片一种童话般的氛围。而在星空下舞蹈的场景中，镜头缓缓移动，配合着角色的旋转起舞，营造出一种迷人的梦境感。构图的对称与和谐，镜头的优雅推进，为视觉带来极大的美感享受，也让观众仿佛随着镜头的节奏一起沉浸在这一场浪漫的情感旅程中。图 4-18 为 2016 年上映的电影《爱乐之城》的剧照。

图 4-18　电影《爱乐之城》剧照

　　李安在《卧虎藏龙》中，将构图和镜头语言运用得充满诗意。影片中的竹林对战场景，以对称的构图和灵动的镜头运动，将武侠世界的唯美与人物情感的深邃完美结合。竹林在风中摇曳，角色在枝叶间飞腾，通过镜头的灵活运动和长镜头的优雅流畅，营造出了一种如诗如画的武侠意境。构图的对称与镜头的推进，使角色的动作与情感交融在画面之中，不仅传达出东方美学的深沉意境，也将角色的内心世界展现得淋漓尽致。图 4-19 为 2000 年上映的电影《卧虎藏龙》的剧照。

图 4-19　电影《卧虎藏龙》剧照

　　光影与色彩带来直观的视觉震撼和情感的隐喻，而构图与镜头则在画面中创造出情感的空间和节奏。无论是阿方索·卡隆和达米恩·查泽雷的梦幻表达，还是张艺谋和李安的诗意呈现，电影都以其独特的视觉语言，让观众在光影流动中感受到深刻的情感共鸣。

美的经典

《舞台上的中国》是一部极具文化深度的国际合拍纪录片，旨在展示中国传统舞台艺术的独特魅力。纪录片分为《声乐》《乐器》《舞蹈》《戏剧》四集，通过选取具有代表性的中国传统艺术符号，如京剧、昆剧、编钟、皮影、呼麦等，深入探索了声乐、器乐、舞蹈和戏剧这四个重要领域，展现了艺术形式的精湛之美，突显了中华优秀传统文化在现代社会中的活力与创造力。该纪录片的海报如图 4-20 所示。

图 4-20　纪录片《舞台上的中国》海报

影片中，主持人谢飞和徐丽东带领观众走访了我国的古镇园林、都市街头、草原田间，穿越时空与风土人情，揭示了传统文化与现代生活的交汇之美。通过与二十多位艺术家对话，影片展示了艺术家们在当代背景下对艺术传承与创新的理解和探索。无论是虚拟歌手洛天依的登场，京剧名伶王珮瑜的现场教学，还是彩虹合唱团的现代化演绎，都以新颖的表现方式让古老的艺术形式焕发出年轻的活力。纪录片通过沉浸式、跨文化的镜头语言，引导全球"Z世代"青年感受中华艺术的美学精髓，打破了东西方之间的文化隔阂，推动了中华优秀传统艺术的国际化传播。

美的探索

1.《舞台上的中国》既展示了京剧、昆剧、皮影戏等传统艺术，又呈现了芭蕾、交响乐等西方艺术，体现了我国艺术的多元与包容。你如何看待这种多样性在文化传播中的作用？东西方艺术的融合会对传统艺术的独特性产生什么影响？

2. 传统舞台艺术注重现场表演的仪式感和互动性，而现代传播技术让这些艺术可以通过多种媒体被全球观众随时观看。你认为表演艺术的"现场性"与观看"便捷性"之间的平衡如何影响了观众的体验？在全球传播中，哪些文化精髓是必须通过现场互动来传达的？

3. 在《舞台上的中国》中，许多舞台艺术作品不仅深受国内观众喜爱，也在国际上赢得了广泛赞誉。这些作品成功实现"文化出海"，让海外观众通过屏幕感受到我国舞台艺术的独特美感。那么，在"文化出海"过程中，如何更好地平衡文化的"本土性"与"国际性"呢？

美的实践

声音·影像·身体：我的故事创作实验

1. 根据人数进行分组，每组抽取一个情感关键词，情感关键词包括"希望""失落""愤怒""喜悦"。

2. 每组根据关键词，用手机录制日常声音素材，例如，"希望"的素材可以为鸟鸣、流水声、风铃声；"失落"的素材可以为雨声、叹息声、轻轻的脚步声；"愤怒"的素材可以为快速打字声、撞门声、高跟鞋敲地声。将录制的声音素材拼接成一段 10 ～ 20 秒的声音片段，用声音表达该情感。

3. 根据声音情感片段设计一段影像叙事，要求画面以情感为核心。

4. 为自己的作品加入一段动作表演，用肢体语言增强声音和影像的情感表达。例如，用缓慢的伸展动作表现"希望"的延续性；用快速、突然的挥手动作表现"愤怒"的爆发；用轻微的身体前倾表现"失落"的无力感。

5. 每组依次展示作品：播放声音和影像短片，配合现场动作表演，讲述情感故事。

第五章
诗意栖居——自然之境中和谐共生

本章导语

　　本章旨在引导学生探索人与自然之间的紧密联系，并通过艺术的视角重新发现自然的美与意义。自然不仅是人类赖以生存的基础，更是艺术创作和精神探索的源泉。通过艺术感知自然的变化与韵律，学生能够更加深入地理解自然所蕴含的多维美感，以及人与自然之间的互动如何塑造了人类的情感和文化。

美育目标

- 通过赏析艺术作品发现自然中的美感与深刻意义；
- 理解自然美的多层次表现以及人与自然的互动；
- 反思现代生活中人与自然的疏离，探索如何通过艺术与自然重新建立联系。

美的导航

　　在现代社会的快节奏和高压力环境下，越来越多的人渴望寻求内心的平衡，"自然疗愈"这一文化现象也随之兴起。从"森林浴""生态旅行"到"自然冥想""园艺疗法"，自然不仅是人们远离城市喧嚣的理想之地，更成为缓解压力、修复情绪的重要源泉。无论是一次山林中的徒步，还是公园里的静坐冥想，人们都希望通过与自然的互动来恢复内心的平静与和谐。此时，自然不再只是远观的风景，而是逐渐成为一种心理慰藉和情感滋养。

　　"自然疗愈"的兴盛揭示了现代人对内心宁静的强烈渴望，同时也反映了人类与自然之间的深层联系。然而，这一现象背后值得深思：当人们通过自然找到内心安宁时，这是否意味着人类渴望与自然建立更为平等、和谐的联系，而不仅仅是满足短期的情绪需求？本章将从艺术的视角引导学生重新审视人与自然的关系，探索自然之美对生活和谐的深刻影响，思考如何在日常生活中实现人与自然的共生与和谐。

　　结合"自然疗愈"兴起的现象，请思考以下问题。

　　1. 随着城市化的发展，我们是否变得更加依赖自然来寻找心灵的慰藉？这种需求的背后，是人们对自然的重新认识，还是一种潜在的焦虑感？

　　2. 无论是一次公园散步、一场山间徒步，还是一次植物栽种，这些经历是否帮助你释放了压力？在这些体验中，你感受到的是自然的宁静，还是内心的平和？

　　3. 在现代的生活节奏中，如何将自然元素融入日常生活？你是否尝试过在家中布置自然角落，如窗边的绿植、墙上的自然风景画，或是用自然元素装点工作环境？这些改变是否让你在紧张的生活中感受到一丝"诗意栖居"的氛围？

本章慕课

美的漫步

5.1 和谐与平衡：自然的审美发现

人类对自然的审美是一种与生俱来的本能，跨越时空、文化和语言的界限。自然不仅是人类生存的物质环境，更是审美体验的丰富源泉。从古至今，山川、湖泊、森林和原野，这些自然景观以其多样性和层次感激发着人类的情感与想象力。在与自然的接触中，人类不仅发现了色彩、光影和形态的美，更通过自然感受到了一种内在的和谐与平衡。自然的审美发现，绝非仅仅依赖于视觉这一单一层面，实则是一场五感交织的综合体验。听觉上，风声的呼啸、鸟鸣的啁啾，宛如自然奏响的乐章；嗅觉上，淡雅的花香、清新的泥土气息，交织成独特的芬芳密码；触觉上，草地的柔软似绒毯轻抚，树皮的粗糙如岁月留痕；味觉上，清晨草叶尖那晶莹露珠的微甜，雨后空气中弥漫的丝丝清润，亦为这场自然审美盛宴添上了一抹别样的滋味。正是在这一系列的感官互动中，人类逐渐形成了对自然之美的认知。自然审美的过程，不仅仅是外在世界的映照，更是内心情感的投射，是人类在自然中寻找自我意义的一种方式。

5.1.1 天人合一

早在原始艺术中，自然便是人类表现情感与哲思的首选对象。从古老的岩画到彩陶的图案，这种对自然的表达不仅是一种再现，更是一种通过自然理解生命的尝试。在远古时代，人类通过艺术直观地表达对自然的敬畏与赞美。在法国拉斯科洞窟壁画（见图 5-1）中，古人以生动的线条和色彩勾勒出野牛、鹿群的奔跑姿态。这些壁画不仅仅是狩猎生活的记录，更是原始人对自然之美的深刻印象。我国仰韶文化的彩陶纹饰同样传达了对自然的审美追求。在这些彩陶上，鱼纹、蛙纹、鸟纹等图案灵动活泼，充满着对自然生灵的赞美与想象。这不仅是对自然形态的细致描绘，也是人类对自然充满敬意与感知的艺术化呈现。可以说，这些纹饰中的自然美，是人类在与天地对话时的最早"言语"，是对自然生命律动的诗意回应。

图 5-1　法国拉斯科洞窟壁画（局部）

以著名的人面鱼纹（见图 5-2）为例，陶器上的人面以夸张的五官、宽阔的额头和巨大的双眼为特征，给人以神秘而庄重的感觉。人面的两侧分别延伸出鱼的形状，鱼纹则以简洁流畅的线条勾勒出自然生物的灵动之美。此图案可能与古人对鱼类的图腾崇拜有关，因为鱼在古代象征着丰收与繁荣，同时也蕴含着生命繁衍的寓意。在当时的农业社会，鱼作为一种重要的食物来源，既代表了自然的慷慨馈赠，也象征了人类对水源和生存环境的依赖与感激。

图 5-2　仰韶文化 人面鱼纹彩陶纹饰

人面鱼纹的艺术表达，融合了人类与自然的双重意象，既是对自然形态的描绘，也是对自然神秘力量的崇敬。它不仅仅是视觉的呈现，更是通过符号化的图像传达出的对自然界的精神信仰。人面鱼纹彩陶在艺术表现上既灵动又古拙，充满了原始艺术特有的粗犷和生动，其质朴而强烈的视觉冲击力，展示了古代先民对自然生命力的崇拜，以及对自然生生不息的赞美。

在中华优秀传统文化中，"天人合一"不仅是道家和儒家的哲学核心，也是我国艺术创作和审美活动的指导理念。它强调人类与自然的共生与共融，主张人在自然中寻找心灵的宁静与精神的安顿。老子的"人法地，地法天，天法道，道法自然"阐明了人与自然的有机联系，倡导人类应以敬畏和顺应的态度面对自然，而非仅仅将自然视为资源或背景。在"天人合一"思想的指引下，我国的"自然审美"具有深刻的人文内涵。自然不仅是外在的风景，更是内在情感与哲思的寄托。自然在我国审美中占据了核心位置，因此，"天人合一"不仅是一种哲学观，更是一种贯穿于我国自然审美的精神指引。

5.1.2 "天人合一"的艺术呈现

我国知名学者曾繁仁先生提出："天人合一"是在前现代神性氛围中人类对人与自然和谐的一种追求，是一种中国传统的生态智慧，体现为中国人的一种观念、生存方式与艺术的呈现方式。它尽管是前现代时期的产物，未经工业革命的洗礼，但它作为一种人的生存方式与艺术呈现方式仍然活在现代，是具有生命力的……"天人合一"在中国传统艺术中成为一种文化模式，中国传统艺术都包含着一种"天人关系"，如形与神、文与质、意与境、意与象、情与景、言与意等，构成形神、文质、意境、意象、情境、言意等特殊的范畴，内中均包含"天人合一"之因素。

曾繁仁先生的观点精辟地揭示了"天人合一"在中国传统艺术中的根本意义——其不仅是一种哲学思维，更是浸透在艺术表现与生活方式中的独特文化模式。例如，在我国的山水画中，"天人合一"不仅仅是对外在景致的描绘，而是一种心境的呈现与情感的寄托。宋代画家郭熙在《早春图》（见图 5-3）中，通过高耸入云的山峰、萦绕的雾气、错落的树木，营造出一种万物复苏的动态场景，表现出大自然的生命力和画家内心的澄净。其作品超越了视觉上的再现，更是心灵与自然共振的艺术表达，是人类情感与自然秩序的完美结合。

在文学领域，唐代诗人王维的作品堪称"天人合一"的典范。他以"诗中有画，画中有诗"著称，常常通过对自然景物的细腻描写，表达出心灵的安宁与对自然的融入。在《鸟鸣涧》中，他写道："人闲桂花落，夜静春山空。月出惊山鸟，时鸣春涧中。"这首诗描绘了一个寂静的春夜，展现了人与自然之间深沉的交融与默契。诗人通过桂花的飘落、鸟鸣的回响以及山间的寂静，巧妙地传达出人类与自然在静谧中的对话与共鸣。

图 5-3　[宋] 郭熙《早春图》

　　"天人合一"的理念还深刻影响了我国的园林艺术。苏州园林作为我国古典园林的代表，不仅是自然景观的缩影，更是人类精神家园的象征。在设计上，园林中的山石、水池、竹林和廊亭布局精巧，远近呼应、虚实相生，体现了人与自然的和谐共生。无论是"借景"的艺术，还是"透景"的设计，都在有限的空间内创造出无穷的自然意境。园林不仅带来视觉的享受，更是心灵的栖息地，反映出古人对"天人合一"理念的深刻实践。

　　在苏州拙政园见山楼（见图 5-4）的设计中，最具特色的莫过于"见山"的妙趣——站在楼上，远处的假山和周围的池水交相辉映，使人仿佛置身于辽阔的山野之间。"以小见大"的艺术手法，将自然的广阔意境浓缩在一隅之地，既有自然的真实感，又充满人文的诗意。此外，见山楼的整体设计突出了"虚实相生"的原则。楼台以开敞的窗格和疏朗的布局，与周围的自然景致融为一体。窗外的景色时而是池水中的荷花摇曳，时而是远山在薄雾中隐现。楼阁的木质结构和周围的竹林、花草形成了自然的延续，既保持了建筑的独立性，又没有打破自然的整体感。这种融入自然、不破坏自然的设计态度，正是"天人合一"思想的生动写照。

图 5-4　苏州拙政园见山楼

　　见山楼不仅是园林的核心建筑，更是一种生活哲学的象征。古人在楼上饮茶、作诗、会友，与自然相伴，享受着内外世界的和谐共鸣。它所提供的不仅是视觉上的愉悦，更是心灵的安顿与精神的超越。正如古人所追求的那样：人在景中，心在自然。通过人与自然的和谐共处而获得的心灵宁静和精神满足，正是"天人合一"所强调的"诗意栖居"。

5.2　诗意地栖居：自然中的生活美学

　　"诗意地栖居"是德国诗人荷尔德林提出的一个经典概念，倡导人在自然中找到灵魂的归属，并与自然和谐共处。这一理念不仅是对自然风景的静态欣赏，更是一种超越物质的生活态度——它鼓励人们在日常的点滴中体验自然的诗意，使生活在精神层面获得充实与深刻的意义。这一概念反映了人类对自然与自我关系的深层思考。荷尔德林认为，自然不仅是生命的容器，更是人类心灵的滋养源泉。通过与自然建立紧密的联系，人们能够在纷繁的生活中找到内心的宁静。

5.2.1 艺术经典中的"诗意地栖居"

在西方文学中，美国作家亨利·戴维·梭罗的《瓦尔登湖》是对"诗意地栖居"理念的经典演绎。这本书记录了梭罗在瓦尔登湖畔隐居两年的生活体验。他追求简单而充实的田园生活，将自己融入大自然的怀抱，通过细致观察和深沉思考，与自然建立了心灵的对话。在《瓦尔登湖》中，梭罗强调与自然的亲密接触，不仅是对生命本源的回归，更是对生活本真的深刻探寻。他曾写道：大自然的纯真和惠泽是无法描述的——太阳、风和雨，夏天的和冬天的——如此健康，如此振奋，它们永远施与我们！《瓦尔登湖》不仅是对自然美的礼赞，更是一种内心自由与精神独立的象征，激励人们在现代生活的喧嚣中，重新思考自然与生命的本质联系。

在中华优秀传统文化中，"诗意地栖居"不仅是对自然之美的欣赏，更是人与自然和谐共存的一种生活哲学。这一理念在文人创作中常常与"天人合一"相呼应，体现为一种内在的宁静与精神的栖息。道家和儒家的思想主张通过与自然的深度互动，达到心灵的澄净与安宁，这也正是"诗意地栖居"所强调的状态——不仅在自然中获得感官的愉悦，更在其中找到心灵的归宿。陶渊明的《归园田居》便是"诗意地栖居"理念的典范，他通过对田园生活的描绘，表达了对质朴自然的向往和内心的自由追求。诗中展现的田园场景不仅是一种生活方式的选择，更是一种与自然和谐共处的心境。陶渊明描写乡村春种秋收的劳作场景，以及四季更替中的细腻变化，体现了诗人在自然中找寻内心平静与归属的过程。诗中"诗意地栖居"的状态，是他对"天人合一"的实践，是对自然的赞美和对心灵宁静的渴望。

元代画家倪瓒以其独特的"疏简"画风和诗意的山水画著称，他的作品多以简洁、留白、空灵为特色。在倪瓒的诸多作品中，山水画不仅是一种视觉的表达，更是一种精神的寄托和内心的归宿，展现了人与自然和谐相处的境界，完美诠释了"诗意地栖居"的理念。倪瓒的代表作包括《容膝斋图》《六君子图》和《秋亭嘉树图》等，这些画作在不同的构图和风格中传达了"天人合一"以及"诗意地栖居"的理想境界。倪瓒以其深厚的文人气质和对自然的独特理解，将田园风光与文人隐逸的精神相结合，呈现出自然的空寂和内心的宁静。《容膝斋图》是倪瓒的经典之作，也是他对"诗意地栖居"理念最生动的呈现之一，如图 5-5 所示。

图 5-5　[元]倪瓒《容膝斋图》

此画作采用了典型的"三远法"构图，以近景的树木、简陋的茅屋和远处的湖水为主要表现对象，画面中充满了空灵与寂静的氛围。整个画面简洁而不失深意，树木稀疏，斋舍简陋，却通过巧妙的留白和层次分明的布局，传达出一种超然的静谧与诗意。倪瓒在此画中通过对景物的简约处理和空旷意境的营造，成功表达了"诗意地栖居"在艺术中的深刻内涵：在自然的寂静中，人的精神得以放松和延展。这种"容膝之安"的栖息，不仅是对生活空间的物理描述，更是对内心平静和精神解脱的追求。画中的小屋隐于山水之间，看似简陋，却充满了淡泊宁静的意味。画中艺术化的"诗意地栖居"，正是倪瓒对"天人合一"思想的深刻诠释。

5.2.2　现代生活的诗意重塑

进入现代社会后，"诗意地栖居"的理念再次受到人们的重视。在快节奏的城市生活中，越来越多的人开始追求极简主义的生活方式，通过减少不必要的物质负担，重新体验与自然的深度连接。无论是徒步于森林、在自家阳台种植植物，还是进行户外冥想，这些行为不仅是短暂的逃离，更是一种通过自然疗愈心灵、重构生活意义的实践。自然不仅可以带来感官上的愉悦，更是心灵的港湾和精神的栖息地。美国建筑师弗兰克·劳埃德·赖特的"流水别墅"（见图5-6）是建筑艺术中对"诗意地栖居"的诠释，也是现代人"归园田居"理想居所的代表。赖特通过将建筑融入自然环境，实现了人与自然的无缝连接。别墅悬于瀑布之上，与周围的树木、岩石完美融合，使居住者在日常生活中体验到自然的节奏与美感。赖特对于"融于自然"的深刻理解，让居住者在自然的怀抱中呼吸、栖息，真正感受到大地的温度与生命的律动。该建筑是"诗意地栖居"在空间艺术中的典范。

图5-6　[美]弗兰克·劳埃德·赖特，流水别墅

无论是梭罗《瓦尔登湖》的田园梦想、赖特的"流水别墅"，还是陶渊明的归园田居、倪瓒的"容膝斋"，东西方艺术都展现出对"诗意地栖居"这一理念的深刻共鸣。尽管二者的文化背景、艺术形式有所不同，但在自然中寻找精神安宁的追求却如出一辙。这种共鸣不仅是对自然之美的简单欣赏，更是对生命本质的深入探寻。东西方艺术家们通过不同的表达方式，将自然的诗意化为心灵的栖息地，并通过艺术创作实现人与自然的和谐共生。从这种角度来看，"诗意地栖居"不仅是跨越时空的艺术主题，更是一种普遍的生命哲思——它提醒人们，无论在何种文化中，最终的精神归宿都是在自然的怀抱中找到内心的平和与生命的意义。

美与生活

在我国，随着经济的发展与城市化进程的加速，人们的生活方式和居住环境也在不断升级。近年来，"第四代住宅"这一概念逐渐进入公众视野，并成为一种新的住宅设计趋势，其概念图如图 5-7 所示。不同于传统的住宅设计，"第四代住宅"更加关注人与自然的融合以及健康、环保和可持续发展的理念。其特点包括更大比例的绿地面积、自然光线的充分引入、节能材料的使用，以及通过绿色技术的应用来改善室内外环境的舒适度。这种住宅试图在快节奏的都市生活中，重新为人们创造一个"诗意地栖居"的理想生活空间。

图 5-7 "第四代住宅"概念图

结合这一现象，我们可以通过以下几个问题进一步思考。

1. 与传统住宅相比，"第四代住宅"在空间规划、自然元素的引入以及绿色环保技术的运用上有何不同？它们如何影响居住者的生活方式和身心健康？

2. 在城市化日益加速的背景下，"第四代住宅"对未来城市的建筑理念和规划方向有何启示？如何通过合理规划和设计，创造更多的绿色空间和诗意生活的可能？

5.3 再现与超越：艺术中的自然美

艺术中的自然美，不仅是对自然景观的再现，更是对自然精神的超越与升华。自古以来，艺术家们常以自然为师，将大自然的万千景象化作情感奔涌的源泉和深邃哲思的孕育之地。无论是绘画、文学，还是音乐，艺术中的自然美总是通过独特的视角和技法，为观者呈现出既真实又超然的自然体验。当艺术家面对山川的壮丽、溪流的灵动时，他们用画笔、音符或文字捕捉这些瞬间，这是再现的开端。然而，其意义不止于此，在创作进程中，艺术家将自身的情感、思考与对生命的感悟融入其中，使自然的形象超脱物质的束缚。例如，一幅描绘星空的画作，不只是呈现出繁星的闪烁和夜空的深邃，更传递出艺术家对宇宙浩瀚与人类渺小的喟叹以及对未知世界的憧憬与敬畏。这种对自然精神的升华，让艺术中的自然美成为连接人类灵魂与自然世界的隐秘桥梁，引领观者跨越现实的藩篱，踏入一个由艺术构建的、充满诗意与哲理的自然之境，在其中实现心灵的净化与精神的启迪，不断探寻自然与生命的本质意义。

5.3.1 外师造化，中得心源

"外师造化，中得心源"这一极具影响力的艺术创作理论源自唐代画家张璪。在长期的绘画实践过程中，张璪深切领悟到自然与心灵之间存在着千丝万缕的紧密联系，进而凝练出这一经典理论。其中，"造化"指代的便是广袤无垠的大自然，而"心源"原本是佛教用语，其本义为内心的妙悟乃是一切法的根源，在艺术创作的语境下，主要是指艺术家内心深处的感悟。

该理论的核心要义在于，艺术创作一方面需要以大自然为导师，创作者要全身心地投入到对大自然万千气象的细致观察与深刻体悟之中，从中获取丰富的创作素材，并掌握能够再现自然之美的技巧与能力；另一方面，创作者还需凭借内心的感悟对这些素材进行提炼与再创造，将自身的情感、思想、审美观念等元素巧妙地融入作品里。

正如我国宋代郭熙在《林泉高致》中所言："君子之所以爱夫山水者，其旨安在？丘园养素，所常处也；泉石啸傲，所常乐也；渔樵隐逸，所常适也；猿鹤飞鸣，所常亲也……然则林泉之志，烟霞之侣，梦寐在焉，耳目断绝。今得妙手，郁然出之，不下堂筵，坐穷泉壑，猿声鸟啼，依约在耳，山光水色，滉漾夺目，斯岂不快人意，实获我心哉！此世之所以贵夫画山水之本意也。"郭熙的这段论述表明，山水画不仅是对自然形态的客观呈现，更是对自然精神的再造与延展。画家以妙笔出之，将自然的气息和意境凝练在笔墨之中，使观者在赏画时仿佛置身山林间，感受到大自然的生动与壮美。艺术创作不仅再现了自然的视觉美，更以超然的笔法表现出自然的精神深度，使得"林泉之志"与"烟霞之侣"跃然纸上。

自然在我国山水画中不仅是具体的视觉元素，更成为一种超越物质世界的精神载体，是人类情感的寄托和哲思的容器。这一主题在我国古代画论中多有体现。南朝王微于《叙画》中曾言："望秋云，神飞扬，临春风，思浩荡"，由此可见，我国古代山水画绝非单纯的自然模仿之作，而是画家在对自然进行深刻体验之后，将内心情感巧妙转化的成果，成功实现了艺术创作中的"再现"与"超越"，使作品成为自然的生动缩影，更是人类心灵世界充满诗意的展现。

5.3.2 西方艺术中"再现"与"超越"

在西方艺术中，浪漫主义画家也常通过风景画来传达心灵深处的情感与理想。德国生态艺术家瓦西里·雷攀拓认为，人类最初生活在田间、村庄、农舍、河流、山脉、森林之间，自然是人类日常的栖息所在。而当第一座城市出现后，这样的景观从此就不复存在。生活在城市里的人们只能隔着距离观望村庄、农田、山川和草地。因此，他们开始描绘自然，用绘画再现自然，以便在他们的居所中能重新感受到自然。而这些作品，我们称之为"风景画"。风景画并不只是对身边自然之景的一种感知，而是一种精神的产物。它产生于观察自然、反思自我的情绪氛围中。它是自然的写照，但从广义上来说，风景画是一种经过思想过滤、价值评估、情绪渲染的自然再现。可以说，风景画的根源并非来自自然，而是来自人类自身。

19世纪英国浪漫主义画家威廉·透纳是西方艺术中将自然之美与精神超越相结合的代表人物。其作品《雨，蒸汽和速度——西部大铁路》（见图5-8）通过动态的笔触和强烈的色彩对比，表现出自然力量的无可控御与人类征服自然的复杂心理。这幅画不仅描绘了自然景观的壮丽，还反映出工业时代人类与自然关系的矛盾与冲突，画中超越视觉再现的创作方式，揭示了自然之美背后蕴含的深刻哲理与人类对自然的情感共鸣。

图5-8 ［英］威廉·透纳《雨，蒸汽和速度——西部大铁路》

与透纳的《雨，蒸汽和速度——西部大铁路》相呼应的，还有贝多芬的《F大调第六交响曲》（即《田园交响曲》）。虽然《田园交响曲》整体上表现的是对自然的热爱与赞美，但在其第四乐章"暴风雨"中，贝多芬以强烈的音乐表现力传达了自然力量的不可控御。这一乐章的激烈旋律、突如其来的音调转变，以及狂风暴雨般的乐音，仿佛将听者带入一场真实的暴风雨中，让人深切感受到大自然的狂暴与无情。这种在音乐中展现的自然力量，与透纳在画面中描绘的磅礴风雨相似，不仅是对自然景象的再现，更反映了人类在面对自然时的敬畏与无奈。

透纳通过画布呈现，贝多芬通过音符表达，两者都超越了视觉和听觉的单纯再现，而是通过艺术的语言传达出一种更深层次的哲理：自然的力量既可敬又可畏，而人类在这股力量面前既有征服的渴望，也有对自身渺小与脆弱的认知。艺术中的"自然力量"，不局限于物理现象的呈现，更是情感与思想的表达，是人与自然在不同艺术形式中的心灵对话与共鸣。

思辨交流

德国浪漫主义画家卡斯帕·大卫·弗里德里希的《雾海上的旅人》（见图5-9）同样是探索自然之美与精神超越的典范。画中，一位旅人站在高山之巅，凝视着笼罩在雾海中的远方景致。这幅作品不仅呈现了自然的辽阔与壮丽，更通过旅人孤独的背影和茫茫雾海，传达出画家对人类存在与自然无限之间的哲理思考。

画中对自然的崇高感与精神的超越，也在我国古诗文中得到了呼应。杜甫的名句"会当凌绝顶，一览众山小"表达了一种类似的情感境界。正如弗里德里希的旅人面对雾海，杜甫在面对巍峨群山时，同样获得了对人生的深层体悟。两者通过不同的艺术形式，达成了跨越时空的精神共鸣：无论是西方浪漫主义的孤独探索，还是我国诗人壮志凌云的豪情万丈，都是在自然的宏伟面前，探寻人类精神的高度与内心的宁静。

图5-9 ［德］卡斯帕·大卫·弗里德里希《雾海上的旅人》

结合作品，仔细思考以下问题。

1. 为何不同文化背景下的艺术家和文学家在面对自然时，会产生相似的崇高感和精神超越的体验？

2. "诗意地栖居"是人类共有的精神诉求，这一论断是否成立？如果是，为什么？如果不是，你又如何理解这种现象？

在当代艺术中，自然美不仅是静态的审美对象，更是一种伦理思考和社会责任的呼唤。许多艺术家通过作品表达对生态危机的反思，将艺术与生态保护联系起来。比如，我国当代艺术家蔡国强在作品中常以火药爆破表现自然的壮美与破坏力，既展现自然的力量，也隐喻人类行为对自然的冲击。由此可见，艺术中的自然美不只是视觉的再现，更是通过情感的共鸣与理性的思考，对自然的再创造与精神的升华。艺术创作中的再现与超越，既是对自然美的艺术表达，也是人类探索人与自然关系的一种方式。

5.3.3 "可持续的美"——美学体验中的生态责任

"可持续的美"不仅仅是一个审美概念，更是一种与自然和谐共生的生活态度。"可持续的美"强调，美的追求不应以破坏自然为代价，而应通过尊重自然的方式，达成审美与生态的平衡。在现代社会，随着环境问题的加剧，人们逐渐意识到传统审美观念中的功利性和消费性已无法适应可持续发展的需要。生态美学倡导一种更具责任感的美学体验，将可持续发展作为审美的核心准则之一。审美不应是一种掠夺性的行为，而应是一种尊重与保护自然的行动。以"可持续时尚"为例，许多设计师和品牌在创作过程中逐步引入环保材料和绿色生产工艺，以减少环境负担。

以英国设计师斯特拉·麦卡特尼为例，她的品牌长期倡导"无皮革、无毛皮"设计，并采用再生塑料制成鞋履等环保产品。通过可持续设计，时尚已突破单纯视觉享受的范畴，在展现视觉美感之际，更深刻地蕴含着对自然资源的珍视和尊重。它促使美转化为一种对环境高度负责的积极态度，意味着在时尚的创造与展现过程中，品牌从材料的选择到制作工艺的运用，都充分考量生态平衡与资源的可持续性，让每一件时尚作品都承载着环保的使命与担当，在满足人们审美需求的同时，为地球生态的长久稳定贡献力量，推动时尚产业朝着绿色、健康、可持续的方向蓬勃发展，实现美学与生态学的和谐共生与良性互动。

美与生活

在当今时尚界，斯特拉·麦卡特尼无疑是可持续设计的杰出代表。她秉持着坚定的环保理念，在品牌创立之初便确立了"无皮革、无毛皮"的设计原则，摒弃了传统时尚产业中对动物制品的依赖。这一原则从源头上减少了时尚生产对自然资源的过度消耗。其品牌推出的由再生塑料制成的鞋履系列更是一大创新亮点，其通过先进的回收技术与精湛的制作工艺，将废弃塑料转化为时尚且耐用的鞋履产品。在生产过程中，相较于传统材料的使用，大幅降低了能源消耗与废弃物排放，实现了资源的循环利用。例如，一双再生塑料鞋可能减少了对新塑料原材料的开采需求，同时避免了因皮革加工带来的环境污染。

从设计美学角度来看，斯特拉·麦卡特尼的作品并未因环保材料的使用而牺牲时尚感。其设计风格简约而不失优雅，线条流畅，色彩搭配巧妙，在各类时尚秀场与日常穿着场景中都备受瞩目，充分证明了可持续设计与视觉美感能够完美融合。

阅读以上材料，仔细思考以下问题。

1. 在日常生活中，我们常见的时尚单品除了鞋履，还有哪些物品可以采用环保材料进行创新设计？请举例说明，并思考如何平衡环保材料使用与时尚外观设计之间的关系。

2. 假设你要购买一件新的外套，在传统皮革材质和环保材质之间，你会如何选择？考虑因素有哪些？

3. 除了时尚品牌自身的努力，作为消费者，我们可以在日常生活中采取哪些行动来支持可持续发展的时尚？

在建筑领域，"绿色建筑"的兴起也同样彰显了"可持续的美"这一理念。例如，丹麦的"8字公寓"（见图5-10）被誉为可持续发展的经典之作。这座建筑充分利用了太阳能和自然通风系统，降低了能源消耗；同时，通过多样化的功能设计（如步行通道和屋顶花园）促进了住户与自然的互动。这种可持续建筑不仅在外观上展现出美感，也更强调了人与自然的和谐共生，使建筑成为人们与环境之间的桥梁。

只有当美的体验不再是对资源的过度消耗，而是基于可持续发展的考量时，才能实现真正的美。"可持续的美"的体验超越了感官愉悦，它促使人们从伦理的角度反思

图 5-10　［丹麦］"8 字公寓"

与自然的关系，将美的追求转化为对自然的责任与关爱。"可持续的美"的理念不仅引导人们重新审视美的内涵，还将美的体验转变为一种道德实践，使人与自然的关系在审美中得到深层次的升华。通过践行"可持续的美"，人们得以重新审视美的意义，将美的体验转变为一种与自然共生的生活方式。

美的经典

　　纪录片《家园》是一部以自然为主题、视觉与思想交响的诗篇。影片以壮美的空中视角穿越全球，从绵延的山脉到辽阔的草原，从苍茫的大海到宁静的森林，展现了地球上各种自然景观的瑰丽与神奇。同时，它也细腻而直观地揭示了人类活动对地球生态的深远影响。影片中的每一帧画面都不仅仅是自然之美的再现，更是人与自然关系的深刻寓言。自然在这部纪录片中不再只是静止的背景，而是生动的、息息相关的存在——它既是人类的源泉，也可能是人类未来的终极家园。

　　在壮丽的景色之外，影片呼唤人们在现代文明的进程中重新审视自己的生活方式，寻找与自然和谐共处的路径。《家园》不仅仅是一场视觉的盛宴，更是对人类命运的深切反思。它提醒我们，地球不仅仅是供人观赏的风景，更是承载着未来希望的共同家园。与其将地球看作资源，意在开发，还不如将地球看作家园，意在珍惜。影片中对自然的再现与超越，让影片成为了人类与自然对话的艺术形式，将观者引向人与自然共生共荣的终极思考。

美的探索

1. 影片呼吁人们重新审视现代生活方式，并寻找与自然的和谐共处的方式。你认为，实现"诗意地栖居"在当下是否有可能？在你的日常生活中，有哪些具体的方式可以帮助你与自然建立更加深刻的联系？

2. 纪录片《家园》中强调了现代科技与自然环境的冲突。你认为，人类未来的发展应如何在科技进步与自然共生之间找到平衡？在这种平衡中，"诗意地栖居"是否可能成为一种调和科技与自然关系的桥梁？请结合你对科技和自然的理解，探讨这种平衡的可能性。

美的实践

1. 想象地球是一位有情感的"家园守护者"，它通过一封信的形式向人类表达自己的情感和期望。你会如何代地球写下这封信？信中不仅可以诉说地球的喜悦与伤痛，也可以呼吁人类给予自然更多的尊重。请尽量加入一些"诗意化"的表达，让这封信更具情感力量。

2.《家园》呼吁人们回归自然、减轻对自然的压力。你是否愿意在未来一周内进行一次"数字断舍离"——减少对电子设备的依赖，以户外活动、阅读自然文学、冥想等方式代之？在这段时间里，记录你的心情变化和感受，看看是否有"诗意地栖居"的体验。

3. 设想你现在居住的房间或家庭环境，可以进行一次"诗意地栖居"的改造。你会选择添加哪些自然元素（如植物、水池、光线等）？如何让这个空间既实用又充满自然的诗意？拍摄一张"改造前"的照片，并结合你的想象用语言或绘画的形式描述"改造后"的情境。

第六章
科艺交融——人工智能与美的创新

本章导语

在人工智能的推动下，艺术创作从传统的"人类主导"逐步转向"人机共创"，展现出创意与科技碰撞的无限可能性。新技术不仅拓宽了艺术的表达方式，也重塑了观者的感知维度。通过本章的学习，学生将感受到人工智能与数字技术在拓展艺术边界与创新美学表达中的独特魅力，理解科艺交融如何在数字时代丰富人类的审美体验，激发对未来艺术形式和创作可能性的深刻思考。

美育目标

- 理解人工智能如何在创意与科技的碰撞中，推动艺术形式的多样化与创新性表达；
- 分析网络与社交媒体中的艺术表达，认识数字美学的特征及其对审美习惯的影响，理解技术驱动下艺术传播的独特形式；
- 探讨人工智能艺术创作中的伦理与美学挑战，培养对技术与艺术边界问题的批判性思维。

美的导航

在人工智能和数字技术的推动下，艺术创作正进入一个全新的时代——艺术数字化的时代。创作者不仅拥有更加高效的工具，还可以通过算法与技术生成前所未有的艺术形式——从 AI 绘画到虚拟现实剧场，这些技术正在重新定义艺术的边界与可能性。然而，技术的融入也带来了新的课题：当效率与创新成为艺术创作的重要驱动力时，作品中情感表达的深度和文化传承的意义是否会受到挑战？我们如何在技术加速艺术发展的同时，确保艺术的核心价值不被稀释？

在此背景下，科技不仅为艺术创作打开了新的维度，也激发了艺术体验的多感官革命。从数字绘画中细腻的算法笔触，到沉浸式虚拟现实构建的全景世界，再到人工智能作曲中精准还原情感的旋律，这些前沿技术为观众提供了前所未有的互动性与沉浸感。面对这些变革，我们需要重新定义艺术：什么是艺术的原创性？技术赋予艺术的未来是否会改变我们对"美"的理解？本章将引领我们重新思考艺术创作与体验的核心价值，探讨在技术驱动的时代，如何找到艺术深度与人文内涵的新支点，感受科艺交融对美的未来的无限可能。

结合数字化艺术，请思考以下问题。

1. 当 VR 展览让人"置身画中"，AI 生成作品以更低成本完成艺术创作时，实体美术馆与博物馆的意义是否依然值得我们亲身体验？在新兴技术介入艺术诠释的背景下，艺术作品所承载的文化意蕴与情感价值是否仍具有不可替代的重要性？

2. AI 能够在几秒钟内创作出复杂的音乐和画作，但这些作品是否具有真正的情感深度？你认为，在未来的艺术创作中，艺术家应该扮演什么样的角色？

本章慕课

美的漫步

6.1　人工智能艺术的崛起

当下，人工智能正以惊人的速度改变着艺术创作的格局。例如，DeepDream 生成的迷幻图像以及 AIVA 编写的交响乐，都彰显了这一技术的影响力。通过深度学习与算法，人工智能开拓出全新的艺术表达路径。它不仅能够精准模仿艺术史上的经典风格，还能依据自身独特的生成逻辑进行创作，在绘画、音乐、文学、舞台设计等多个领域展现出非凡的创意。如今，人工智能已从单纯的辅助创作工具，转变为艺术创作中的"合作者"，为艺术领域注入了强劲动力，有力推动其向前发展。

纵观艺术发展历程，技术革新一直是艺术进步的重要驱动力。从古代到现代，每一次重大技术突破，都会促使艺术形式与表达语言发生深刻变化。无论是材料工艺的改良、传播媒介的更迭，还是创作工具的升级，都为艺术开拓了新的可能，为人类追求美提供了更多途径，持续助力艺术家释放创造力，让艺术在历史演进中不断焕发光彩。

6.1.1　科艺共进

文艺复兴时期，科学与艺术的紧密结合催生了透视法的发明。通过几何学的运用，艺术家能够在二维画布上精确地展现三维空间的深度感，创造出更加真实的视觉效果。这一技术不仅让画作更具现实感，还赋予艺术表达更大的自由度，使画家能够描绘复杂的场景与宏大的叙事。达·芬奇、拉斐尔和米开朗琪罗等大师正是通过对透视法的熟练掌握，创作出诸如《最后的晚餐》（见图 6-1）和《雅典学院》等震撼人心的作品，开启了艺术表达的新时代。进入工业革命时期，摄影术的发明使艺术表达进入了一个新的纪元。摄影术提供了记录现实的手段，也解放了绘画的功能性局限，使艺术家能够从对物理世界的再现中解放出来，探索更加抽象、主观和情感化的艺术形式。例如，印象派画家莫奈的《日出·印象》不再关注物体的精确描绘，而是聚焦于光与色彩的瞬间变化，这一全新的艺术方向与摄影术的出现密不可分。

图 6-1　［意］达·芬奇《最后的晚餐》

20 世纪，声音与影像技术的革新为艺术创作带来了更加多样化的媒介。留声机的发明使音乐能够被记录和传播，人们可以随时随地欣赏音乐作品；电影技术则将视觉、听觉和叙事融为一体，为艺术创造了全新的叙事形式和情感传递方式。从卓别林的默片到库布里克的《2001 太空漫游》，技术推动下的电影艺术不仅让人类的想象力得以放飞，还逐渐成为现代艺术的重要分支。进入数字时代，计算机和互联网技术使艺术表现突破了时间与空间的限制。数字绘画、音频编辑、三维建模等技术，使艺术创作变得更加便捷和精确；而互联网则让艺术作品能够迅速传播到世界的每一个角落。艺术创作者不再局限于传统的画布或舞台，而是进入了一个可以自由操控虚拟空间的数字世界。例如，数字装置艺术家草间弥生通过多媒体互动展览，创造出观众可以沉浸其中的迷幻世界，模糊了现实与虚拟的界限。

6.1.2　AI 智启：打破艺术"次元壁"

如今，人工智能的崛起标志着技术与艺术融合的又一高峰。与以往的技术不同，人工智能不仅是辅助艺术创作的工具，更是可以自主学习、生成作品的"协作者"。其凭借海量数据积累与精妙算法运算，既能复刻艺术经典风格，更能开辟超乎想象的全新形式。例如，DALL·E 可根据文字描述生成充满奇幻色彩的图像，如熊猫身着宇航服骑行于浩瀚星空（见图 6-2）；AIVA 能依风格学习谱就动人交响乐；VR 技术打破艺术物理藩篱，让观众"身临其境"。

　　这些创新全方位拓展了艺术的创作维度，点燃艺术家探索未知的热情，挖掘艺术家的创作潜能。在技术驱动的艺术演进中，每一次革新都是艺术语言重塑、表现形式升华的契机。从绘画走向立体、音乐迈向多声部，到电影叙事的精巧进阶、虚拟艺术沉浸感大幅提升，技术助力艺术冲破物理媒介枷锁，极致表达情感与思想。

图 6-2　熊猫身着宇航服骑行于浩瀚星空，DALL·E 生成

　　然而，这场技术革命也引发了深刻的思考。一幅由人工智能生成的作品，是否能够承载人类艺术中蕴含的情感与灵魂？算法生成的艺术能否突破形式的限制，传递出深层的哲思与文化内涵？当人工智能以高度理性和高效为特征时，人类是否还能在这些作品中找到情感共鸣？这些问题不仅涉及对艺术价值的衡量，也带来了对原创性和艺术本质的深层思考。与此同时，人工智能艺术的发展正在改变艺术家的角色。艺术家不再只是创作者，同时也成为算法的设计者与审美的策划者。他们的工作逐渐从单纯的直觉和情感表达，转向与技术的协同，将艺术推向更高的维度。这种模式要求艺术家重新思考如何利用技术扩展创作边界，同时赋予作品更多的情感深度与文化价值。人工智能的出现并没有消解艺术家的创造力，反而为他们提供了探索更多可能性的工具。

　　科艺交融的时代加速了艺术表现形式的多样化，也为人们提供了更为丰富的艺术体验。从物理媒介向虚拟维度的跨越，人工智能带来的沉浸感和互动性正在改变传统艺术的格局。然而，这种技术驱动的创作能否承载艺术中那些不可言喻的情感和哲学深度？如果一幅 AI 生成的作品能够打动观众的心灵，我们是否可以将其视为与人类创作同等的艺术形式？这些问题既推动了艺术与技术的对话，也提醒我们关注如何在技术进步的同时守护艺术的精神内核。人工智能艺术的崛起，不仅是一场技术创新，更是一场关于艺术本质的深刻反思。这场变革展示了科技与艺术的深度交互，为艺术的未来打开了广阔的想象空间。当技术从辅助工具转变为创作的"共创者"时，我们需要在技术的理性高效与艺术的人文情怀之间找到平衡。这场探索不仅关乎艺术发展的方向，也关乎人类如何在数字时代重新定义自身的文化身份与审美价值。

🎵 思辨交流

从照相机到人工智能的启示

19世纪，照相机的发明曾让艺术陷入危机，精确的摄影技术一度威胁到肖像画家的生存。然而，这一挑战促成了印象派的诞生，艺术家们不再执着于写实，而是通过捕捉光影与瞬间情感开辟了艺术的新方向。照相机的出现不仅未取代艺术，反而推动了艺术从记录现实向主观表达的转变。

如今，人工智能与机械臂的出现再次模糊了技术与艺术的边界。机械臂不仅能精准复制经典作品，还能通过深度学习对其进行再创作（见图6-3）。当下的技术挑战让人不禁思考：当创作主体从人类扩展到人工智能时，艺术的灵魂是否会被稀释？它是技术的胜利，还是艺术的妥协？

然而，危机同样孕育机遇。正如印象派借助挑战焕发新生，当代艺术家也可以与技术协作，利用人工智能生成的素材突破传统创作的局限。技术可以成为创意的工具，而非艺术的终结。

图6-3　机械臂再创作《蒙娜丽莎》，DALL·E生成

仔细思考并讨论以下问题。

1. 印象派如何从照相机的挑战中找到艺术新方向？这一历史经验对我们应对人工智能的艺术挑战有何启示？

2. 机械臂可以生成"完美"的画作，但是否能超越模仿，触及艺术中不可量化的情感与思想？

3. 未来的艺术家是否会从传统的创作者转型为技术的策划者或协作者？这种转变是否会改变艺术的本质？

6.1.3　虚拟与现实的美感体验

在科技的迅猛推动下，艺术表达的边界正被前所未有地拓宽。虚拟现实（VR）与增强现实（AR）技术作为时代的创新成果，为艺术创作和欣赏提供了全新的媒介与可能性，带来了艺术体验本质的变革。这些技术使得艺术从静态转向动态，从单向展示转向交互参与，让观众从传统的旁观者角色，转变为沉浸式体验的主动探索者。虚实结合的艺术形式，重塑了艺术的语言与表达方式，也重新定义了人类对美的感知路径与审美模式。

1. 沉浸式艺术体验

虚拟现实技术创造了超越物理空间限制的沉浸式艺术体验。传统艺术以物质媒介为核心，依赖观众与作品间的距离感，而 VR 技术则通过构建三维虚拟世界，让观众能够"进入"艺术作品的内部，展开多角度的探索与体验。例如，在虚拟现实的数字展览中，观众不仅可以近距离观察艺术细节，还可以自由穿梭于不同场景中，感受到作品在时间与空间上的多维叙事。敦煌研究院开发的"数字敦煌"VR 项目"寻境敦煌"，便通过高精度的数字化技术，让观众仿佛置身于千年前的莫高窟，真实感受壁画与雕塑的恢宏细腻。超越时间与空间限制的沉浸感，深化了观众对艺术作品的感知，让艺术体验更具互动性与情境感。图 6-4 为《寻境敦煌》的概念图。

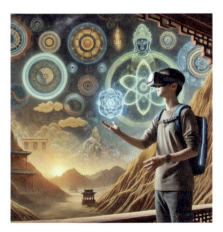

图 6-4　《寻境敦煌》的概念图，
DALL·E 生成

虚拟现实技术不仅改变了观众的艺术体验方

式，也为艺术家的创作提供了全新的维度。通过 VR 设备，艺术家得以超越传统工具和物理画布的限制，进入一个无限延展的三维创作空间，如图 6-5 所示。在这个虚拟世界中，画笔不再是固有的形态，色彩可以动态流动，线条可以悬浮于空中，作品呈现出前所未有的立体感与动态美。例如，使用 Tilt Brush 等 VR 创作工具，艺术家可以站在自己的作品中间，围绕作品进行 360 度创作，甚至可以用动态光效与空间声音为作品赋予多感官的叙事维度。沉浸式的创作过程，让艺术家不仅是传统意义上的创作者，更成为虚拟空间的"建造者"，通过科技赋予艺术更多可能性。图片中的艺术家，手持 VR 控制器，在数字画布上勾勒出流动的色彩与律动的线条，展现了 VR 技术可以让创作过程本身成为艺术的一部分。

图 6-5　艺术家使用 VR 设备进行艺术创作，DALL・E 生成

2. 互动式艺术体验

增强现实技术则将虚拟元素与现实环境融合，为艺术注入了动态和互动的特质。与 VR 构建纯虚拟空间不同，AR 通过将数字艺术叠加于真实场景，实现了现实与虚拟的有机结合。例如，良渚博物院通过 AR 导览技术，创造了虚拟与现实交融的全新美感体验。游客戴上智能 AR 眼镜，五千年前的良渚古城便在眼前复苏：古人忙碌建城，工匠细致雕刻玉璧，祭祀仪式庄严恢宏，历史画卷仿佛触手可及。静态的文物在虚拟画面中"复活"，陶罐成型、玉器焕彩，漆器生漆流淌，呈现出动态与鲜活的文化魅力。AR 技术打破了传统展览的静态模式，让观众更身临其境地感受历史的生动与厚重。

AR 导览的核心在于通过空间定位和 AI 技术给游客带来沉浸式的互动体验。智能设备可以精准识别展品，动态光标可以引导观众探索，展品的历史故事可以以三维影像和语音讲解形式展开。游客可以自由放大展品细节，与虚拟文物互动，让观展成为深度参与的过程。此外，系统会根据观众的兴趣和认知水平定制内容，儿童可体验趣味故事，而深度文化爱好者则能获得学术讲解。参观结束后，游客还能保存参观轨迹，制作数字纪念品，将文化探索延展至生活中。良渚博物院的 AR 技术不仅让历史与现实交融，还通过互动和沉浸感重新定义了美感体验。

　　虚拟与现实的结合，让传统文化从展柜中"解放"，以动态、灵活的方式触及观众，让文化遗产焕发出新的生命力。电影《博物馆奇妙夜》（海报见图 6-6）的剧情正在现实生活中上演。更重要的是，虚拟与现实的交融不仅改变了艺术的表现形式，也带来了美感体验的深刻转型。在传统艺术中，审美体验依赖于有限的物理接触，更多是一种静态的、单向的欣赏。然而，VR 与 AR 技术可以通过沉浸感和交互性，将观众与作品之间的界限模糊化。例如，观众在虚拟展览中能够触发动态场景，或通过自身的移动影响艺术的呈现方式。这种互动让审美成为一种使人主动参与的过程，观众的动作、感知与情绪反应成为作品不可或缺的一部分，从而赋予艺术以新的生命力。

图 6-6　电影《博物馆奇妙夜》海报

　　此外，虚实结合的艺术形式也引发了对艺术本质的重新思考。VR 技术的强大沉浸感是否会让观众过度依赖于感官的刺激，从而忽略作品内在的精神价值？当技术驱动艺术表达时，是否存在被"炫技"掩盖深度思想的风险？这些问题反映了技术与艺术结合中潜在的挑战，也提醒我们在追求技术创新的同时，需要始终保留对艺术本质的尊重与探索。虚拟与现实的交融不仅是一次技术与艺术的碰撞，更是一场关于人类审美的深刻变革。它为艺术提供了全新的表现路径与多维体验，让传统艺术焕发出新的生命力，也赋予现代艺术更加多样化的可能性。在未来，虚实结合的形式或许既是艺术领域的创新，更将成为人类文化传播与美学思考的重要载体。

思辨交流

电影《头号玩家》通过名为"绿洲"的虚拟世界，展现了VR技术如何重塑艺术体验与审美模式。在"绿洲"中，人们可以创造自己梦想中的一切，从视觉奇观到沉浸式冒险，每一次交互都超越了现实世界的限制。技术让艺术不再受制于物理空间的边界，呈现出动态、交互的全新形式。然而，影片同时也揭示了VR技术的潜在危机：人们对虚拟世界的沉迷逐渐疏离了现实生活，忽视了现实中更为深刻的美感与意义。影片中，贫民区居民在破败的环境中戴上VR头盔沉迷于"绿洲"，现实中的灰暗与虚拟中的绚烂形成了鲜明对比。VR技术所提供的即刻满足感，虽然赋予了生活更多的趣味性，却让人们忽视了对现实美感的发现与创造。

影片中"绿洲"的创始人哈利迪告诫主角韦德："现实是唯一真实的东西，它是我们必须面对的。"通过《头号玩家》，观众能直观感受到VR技术如何重塑艺术的形式与意义，同时也提醒我们警惕技术的"炫技"可能导致艺术本质的迷失。虚实交融的双刃效应，是虚拟艺术时代必须面对的核心议题。图6-7为电影《头号玩家》的概念图。

图6-7　电影《头号玩家》的概念图，DALL·E 生成

仔细思考并讨论以下问题。

1. 当虚拟世界的体验超越现实生活的丰富性时，人类是否会逐渐疏远真实世界？艺术是否也会因此脱离现实？

2. 在艺术创作中，过于依赖技术是否会使审美趋向单一化或同质化？这种现象是否对文化多样性构成威胁？

3. 如果审美体验从静态、深度的欣赏，转变为动态、即时的沉浸，是否会改变艺术教育和传播的方式？

6.2　算法驱动的审美趣味转变

在人工智能与大数据技术的推动下，算法正重新塑造人们的艺术消费方式和审美趣味。通过对用户行为的精准捕捉和分析，推荐算法可以基于个性化需求提供符合观众兴趣的艺术内容。这种定制化的审美体验打破了时间与空间的限制，让艺术以更高效的方式抵达人们的日常生活。然而，这种便利的背后也隐藏着深刻的矛盾与挑战：当算法逐渐主导艺术传播与消费，审美的多样性和自主性正在面临前所未有的冲击。

6.2.1　算法赋能：艺术消费的革新与重塑

推荐算法的强大之处在于其预测与筛选的能力。通过分析用户的点击、浏览、播放历史等数据，它能够精准推送用户偏好的艺术内容，例如量身定制的音乐歌单、电影推荐和视觉艺术作品。这种机制虽然提升了用户获取艺术的效率，但也在无形中塑造着观众的审美习惯。用户在长时间被动接受算法推荐后，容易陷入"审美舒适区"，逐渐丧失对未知艺术形式的探索欲望。算法的核心在于通过数据优化"命中率"，但这种精准化带来的另一个后果是艺术的多样性可能被压缩。在算法推荐体系中，那些符合大众审美的数据主导型作品更容易获得推送，而风格实验性强或过于小众的作品则可能被埋没。例如，音乐平台的热门歌单可能集中于某几种流行风格，而鲜有机会推广更多元的音乐类型。这种机制不仅影响观众的艺术体验，从长远上看还可能导致艺术市场的同质化。

传统艺术消费往往需要观众主动走进画廊、剧院或音乐会寻找艺术作品，这种探索本身便是审美活动的重要组成部分。然而，算法主导的艺术消费模式将用户的探索过程"外包"给技术，使审美体验逐渐趋向被动化。艺术从一种互动式体验变成了算法驱动的"即选即用"商品，可能削弱观众对艺术内在意义的深度感知。

6.2.2 算法困局：艺术创作与审美的挑战

算法驱动的审美趣味如同一张无形却紧密的大网，不仅将观众笼罩其中，左右他们的喜好与选择，还通过一套精密的反馈机制，对创作者施加反向约束。为了精准契合平台的推荐规则，赢得更多曝光机会，艺术家们的创作思路不得不做出妥协与调整。音乐创作者们纷纷倾向于打造短时长、高节奏的作品，只为在短视频平台的快节奏流量池中争得一席之地；视觉艺术家们则将重点更多地放在强化作品的视觉冲击力上，期望凭借瞬间抓住眼球的画面，提升点击率，获取更高关注度。这种"算法反哺"现象，确实在一定程度上像是给艺术传播安上了高速引擎，让作品能够以更快的速度、更广的范围触达观众。

然而，任何事物都具有双面性，在享受算法带来的便利时，艺术创作也悄然陷入泥沼。过度迎合算法使得艺术创作逐渐步入程式化、商业化的困境，作品的独立性与深度被不断侵蚀。部分创作者在算法逻辑的"指挥棒"下，像是批量生产的工匠，失去了自由探索、深耕艺术内涵的勇气与空间，艺术创作沦为追逐流量的工具。

与此同时，算法也在改变着艺术与观众的互动模式。观众沉浸在算法推送的信息茧房里，审美趣味被逐渐驯化，变得越发单一化与被动化。他们不再主动探寻多元的艺术风格，而是习惯于接受算法"投喂"的同质化内容，审美感知力日渐钝化。"算法反哺"的现象虽然提高了艺术的传播效率，却也可能导致艺术创作趋于程式化和商业化，丧失独立性与深度。算法正在深刻改变艺术与观众的互动方式，但这种技术便利同时也让审美逐渐向单一化与被动化发展。如何在技术与审美之间找到平衡，将算法的能力转化为艺术的多样性与深度，是数字时代艺术创作与消费亟须解决的核心问题。在算法主导的世界中，艺术的灵魂与独特性应当始终得到守护，而非被效率与数据所消解。

6.3 技术与艺术的边界

在人工智能深刻介入艺术创作的时代，技术与艺术的边界不再是单纯的工具与灵感的对立，而逐渐演变为一种复杂的协同关系。人工智能不仅参与艺术的实现，更影响了艺术的构思与表达，让创作者与技术的互动成为一种新的创作生态。技术与艺术的交融表面上扩大了艺术的可能性，却也引发了人们对边界与本质的重新审视：当创作主体从人类扩展至机器，艺术的核心是否还能保持其独特性？

6.3.1　AI：模糊技术与艺术边界

人工智能之所以能够模糊技术与艺术的界限，在于其具备了"生成性"的特质。它不仅能够通过算法生成全新的画作、音乐和剧本，还能够通过分析创作规律提出独特的创意方案。例如，生成对抗网络在艺术中的应用，让人工智能得以创造看似由人类完成的超现实画作。在艺术市场，由人工智能生成的画作不仅被视为艺术品，还拍出高价。这一现象引发了艺术界关于"原创性"的争议：如果算法能够自主创作，人类艺术家是否仍是唯一的创作主体？

6.3.2　拓展边界：机遇与挑战

与此同时，人工智能的介入也在推动艺术的边界不断延展。例如，在交互式艺术作品中，人工智能不再只是"静态"的创作者，而是能够根据观众的行为和情绪实时调整作品内容的动态参与者。在此过程中，艺术不再是创作者与观众之间的单向表达，而成为一场人与机器共同参与的即时对话。然而，技术主导的互动是否会让艺术变成"算法美学"，削弱艺术所承载的情感与文化内涵？当一件作品的价值不再由创作者的情感深度决定，而更多依赖于算法的复杂程度时，艺术的意义是否会被重新定义？

人工智能技术的迅猛发展，正使艺术的边界前所未有地动态化。然而，边界的模糊也带来了潜在风险。当算法不断优化创作效率，是否会导致艺术创作趋于程式化、同质化？当艺术体验依赖于数据分析的精准推荐，是否会让观众的审美习惯被算法引导，丧失自主探索的乐趣？技术的逻辑与艺术的感性之间，始终存在着无法忽视的张力。在技术与艺术的边界上，人工智能既是扩展者，也是挑战者。它为艺术注入了超越人类感知的新维度，但也让艺术面临"去人化"的风险。如何在科艺交融的背景下，既拥抱技术的创新，又守护艺术的独特性，将是数字时代艺术发展的核心议题之一。这不仅是对技术能力的考验，更是对人类审美与文化价值的深刻拷问。

美与生活

《黑神话：悟空》是一款由我国游戏公司游戏科学开发的动作角色扮演游戏。其以惊艳的视觉表现、流畅的动作设计以及对《西游记》经典故事的全新诠释而备受瞩目。这款游戏凭借虚幻引擎等尖端技术，实现了高度逼真的画面效果和栩栩如生的动态场景。游戏中的每一处细节——从摇曳的树影到疾驰的战斗动作——都展现出技术与艺术完美融合的魅力。同时，游戏深度融入中华优秀传统文化元素，无论是人物造型、环境设计，还是剧情叙事，都散发着浓厚的东方美学韵味。游戏中的艺术表现令玩家身临其境，仿佛置身于一个真实且神秘的神话世界。图6-8为《黑神话：悟空》开发团队所扫描的重庆大足石刻雕像。

《黑神话：悟空》以其堪比电影的精美画面、极具张力的叙事以及对文化内涵的深刻挖掘，让玩家的体验超越了普通的互动操作，变成一场沉浸式的艺术感官之旅。游戏中精心雕琢的镜头语言、细腻传神的情感表达，甚至对中华优秀传统文化符号的现代化解读，使其不再只是娱乐载体，而是文化和艺术的一次综合呈现。

图6-8 《黑神话：悟空》开发团队所扫描的重庆大足石刻雕像

仔细思考并讨论以下问题。

1. 当技术与艺术高度融合时，游戏是否正在突破传统的娱乐定义，成为一种全新的艺术表达形式？这一现象是否标志着游戏已经成为与电影、文学等艺术形式比肩的表达媒介？

2.《黑神话：悟空》深度融入了中华优秀传统文化元素（如《西游记》的故事情节、东方美学意象等）。在技术的加持下，中华优秀传统文化的呈现是否更易于被全球观众理解和接受？

美的经典

当机器人萌生创作的欲望

在电影《机器管家》中，机器人安德鲁从机械仆人逐步成长为一位具备情感与创造力的艺术家，其对艺术创作的探索与成就成为影片中最引人深思的情节之一。起初，安德鲁被设计为家庭服务型机器人，只需按照既定指令完成任务。然而，在接触人类的生活与文化后，他对艺术创作产生了强烈的兴趣，并主动开始学习雕刻、设计和其他艺术形式。图 6-9 为机器人安德鲁在自主学习制作木雕。安德鲁的作品因其精准的技艺与极富美感的表达，被人类视为"天才之作"，甚至超越了许多专业艺术家。

图 6-9　机器人安德鲁在自主学习制作木雕

影片中，安德鲁在创作中展现的不仅仅是机械的执行力，更是一种独特的"艺术理解"。他能够将对自然的观察、对人类情感的模仿，转化为雕刻作品中细腻的细节和富有生命力的形式。例如，他通过观察主人家人的神态与动作，创作出一件件栩栩如生的雕塑。这些作品体现了机器的精确性，更蕴含着一种似乎难以用算法解释的"灵性"。安德鲁作为机器人，萌发自主艺术创作的瞬间，也许就是他从机械存在迈向人性化的"奇点时刻"。

安德鲁的创作经历与当今人工智能艺术的发展有着惊人的相似之处。在现实中，人工智能已经能够生成高度复杂的艺术作品，例如 AI 生成对抗网络创作的画作，以及基于大数据训练的 AI 作曲。这些作品与安德鲁的雕塑一样，展示了技术通过学习与模仿人类艺术风格所达到的卓越水平。更令人惊叹的是，人工智能还能结合多种艺术形式，突破传统艺术的边界，例如将视觉与听觉完美融合，创造出全新的感官体验。

美的探索

1．安德鲁作为机器人，却主动萌生了创作的冲动。现实中的人工智能是否可能出现这种冲动？这种冲动是否需要真正的情感支持，还是可以由算法模拟驱动？

2．凡高的《星月夜》以其独特的浓烈笔触与情感表达闻名，被认为是艺术家内心激情与痛苦的映射。如果一幅类似风格的作品由人工智能通过学习凡高的笔触创作出来，它是否可以被认为具有同等的艺术价值？

3．艺术的价值是来自作品的"情感深度"，还是创作者的"人性"？如果一幅 AI 生成的画作无法反映创作者的内心，但能够引发观众共鸣，它是否应该被视为真正的艺术？

美的实践

AI 对话宋画院命题：一场跨越千年的创意试炼

宋徽宗赵佶是一位擅长书画的艺术天才，更是我国古代艺术发展史上的关键人物。他在位期间，创立了我国历史上第一所"国家级美术学院"——宣和画院，并制定了严苛的选拔制度，以确保画院能够吸纳最优秀的画家。与今天的"艺考"不同，宋徽宗的画院考试充满了文人雅趣与艺术挑战。图 6-10 为宋徽宗画像。

徽宗注重意境的含蓄与深远，偏爱那些构思独特、不落俗套的画作，力求通过考试挑选出兼具技艺与才思的画家。例如，"竹锁桥边卖酒家"要求画家巧妙运用"藏"的艺术手法；"深山藏古寺"则考验画家如何以细节暗示情境。这些考试题目往往刁钻复杂，堪称"艺术高考"中的顶级难题。例如，"踏花归去马蹄香"一题，"踏花归去"是视觉画面，易于呈现，但"马蹄香"却是嗅觉感受，如何用画面传达嗅觉感受，便是画家的功底所在。这些既考验技艺又挑战想象力的考题，使画院考试充满了竞争的氛围与艺术的魅力。

图 6-10　［南宋］佚名《宋徽宗画像》

今天，我们将通过这一充满历史文化气息的艺术挑战，重新感受古代艺术创作的深度与魅力。请运用现代的人工智能技术，结合古代的命题作画形式，完成一场跨越千年的"画院考试"。通过完成这些考题，体验宋代艺术创作的巧思与优雅，并在与人工智能的对比中，探索技术与创意、传统与现代之间的微妙关系。你准备好迎接这场跨时空的艺术挑战了吗？

仔细思考，尝试用 AI 绘制出你认为符合以下诗句意境的画面。

1. 踏花归去马蹄香

2. 浓绿万枝红一点，动人春色不须多

3. 深山藏古寺

4. 野水无人渡，孤舟尽日横

第七章
美美与共——人人都是艺术家

本章导语

　　本章以"人人都是艺术家"的理念为核心，旨在引导学生发现日常生活中的艺术价值，培养学生对美的敏锐感知能力。通过观察、实践和反思，学生将学习如何将平凡的生活细节转化为艺术表达，理解美不仅限于感官的愉悦，更是内外和谐的体现。美的创造力不拘泥于形式，而是通过生活的点滴传递个人的思想与情感。

美育目标

- 理解"人人都是艺术家"理念的内涵及其应用；
- 学会通过观察与创造性思维，在日常生活中发现并创造美；
- 将艺术的审美视角融入日常行为与决策，培养个性化的美学表达与生活方式。

美的导航

　　在当今的社交媒体时代，对美的追求已经超越了传统的艺术领域，深入了我们的日常生活中。人们通过各类平台展示生活中的美好瞬间，这些瞬间不仅仅带来视觉的愉悦，更是个人生活态度和审美品位的表达。生活类博主凭借着对生活细节的敏感捕捉和对自然环境的精心设计，吸引了大量观众的关注。无论是一场烹饪秀、精心布置的餐桌，还是农耕中的劳作场景，博主们通过对细节的打磨，将日常转化为艺术体验，并传递着这样一个理念：美不只是观赏，更是创造。与此同时，朋友圈和社交媒体也成为了人们分享与展示美的平台。我们为什么会选择记录某些瞬间并分享给他人？这些选择背后，既是对美的渴望，也是对生活意义的追寻。

　　因此，美的价值不再仅限于感官的享受，它与我们的幸福感及个体的独特表达密不可分。本章将从"人人都是艺术家"的理念出发，探讨如何通过日常生活中的简单行为和细致观察，发掘并创造专属于个人的美感体验，在生活的每一细微之处播撒美的种子，塑造独特的审美风格。

　　结合以上现象，请思考以下问题。

　　1. 当你装饰房间、摆设餐桌或整理书架时，你是否曾有意识地思考过如何让这些空间变得更美？通过这些日常的设计，你是否觉得自己在某种程度上扮演了"艺术家"的角色？

　　2. 当你在朋友圈中分享一张带有深意的照片或一个动人的时刻时，你是否有意识地在传递美的理念？你是否希望通过这样的分享，能够让他人也感受到生活中的美？这种分享是否让你觉得自己成为了一个"传播美"的人？

本章慕课

美的漫步

7.1　生活中的"审美力"

在现代社会，审美不再局限于艺术领域，而是渗透到生活的各个方面，成为衡量生活品质、文化认同与个体价值的重要维度。随着社会的发展，"颜值经济"的兴起进一步强化了审美在日常生活中的影响。美已突破传统艺术界限，它已融入消费文化，成为人们生活方式的重要组成部分。我们购买时尚设计产品，追求外表的美感，但这些选择背后反映的并非单纯的消费行为，而是对生活品质、文化认同与自我身份的深层次追求。社交媒体的普及进一步放大了审美力的作用。在当下的"共享审美"时代，越来越多的人通过社交平台展示他们对美的理解。无论是旅行中的风景，日常的温馨瞬间，还是精致的烘焙细节，社交媒体让每个人都有机会成为生活美学的分享者。这种现象不仅加深了人们对美的体验，更通过集体的审美共鸣形成了一种全新的社会互动。

7.1.1　审美力

审美力是一种能够感知、欣赏、创造和理解美的综合能力。审美力不仅体现了个体对美的感性回应，更涵盖了对其理性层面的思考、鉴别与评判。通过审美力的培养，个体不仅可以在海量的视觉信息中辨别出真正触动心灵的美，还能通过这些分享与他人进行深度的审美互动，丰富自身的审美经验。

在当今数字化飞速发展且消费文化盛行、全球文化深度交融碰撞的时代背景下，"审美力"作为一种关键能力变得尤为重要。它不仅帮助我们发现和感知美，还促使我们通过美的体验去思考、建构并表达自我价值。审美力让我们能够超越表面上的视觉享受，深入美的本质，理解美背后的文化与情感价值，它为我们提供了一种独特的视角，让我们在面对"颜值经济"时，能够保持对深层美感的追求与判断力。

培养"审美力"意味着使个体能够有意识地选择、欣赏与创造美，并对所见之物进行深度的反思与评判，帮助我们理解艺术作品背后的历史与文化内涵，同时也促使我们在日常生活中，通过对家居设计、服饰风格等的选择，形成个人独特的审美标准与风格。例如，许多"生活美学"博主在社交平台上展示着他们精致而富有艺术感的生活方式。从家居布置、烹饪到穿搭，每一个细节都透着对生活美感的追求与热爱。这些博主通过对生活细节的展现，激发了更多人以审美的态度去面对日常生活，进而提高了他们对美的敏感度。

在此过程中，审美力帮助个体不断探索与创造美，并通过这一过程与社会、他人及自我产生深度的情感与文化连接。随着全球文化的交流与多元化的发展，审美力也成为了一种跨文化的能力。它帮助我们欣赏来自不同文化背景的美学形式，并理解其中蕴含的独特价值，去欣赏与接纳更多元的审美表达，为我们构建更加开放与包容的社会提供了可能。

7.1.2　审美成为新质生产力

审美已逐渐成为生活中的重要力量。每一个经过审美设计的空间、每一件经过精心选择的物品，都不仅仅是物质的表达，更是个体对美的理解与其社会价值的体现。在这个过程中，生活中的每一个审美瞬间都带来了个人与社会的共鸣，成为了我们对生活深刻感知与艺术化表达的重要桥梁。

在当代社会，审美的作用已经超越了传统的艺术欣赏和文化体验，它正在转化为一种推动社会进步和经济发展的新质生产力。审美已超越了个人感知与鉴赏的范畴，成为了一种创新能力，通过个人对美的追求和表达，提升产品的附加值，从而改变生产方式，推动产业升级，进而引领新的消费文化潮流。

首先，随着全球经济的迅猛发展和市场竞争的加剧，产品的同质化问题日益突出，消费者的选择不再仅仅基于产品的功能性和实用性。审美力逐渐成为区分产品、品牌乃至企业核心竞争力的关键因素。无论是时尚、家居、科技，还是服务行业，企业都在通过设计美学、用户体验和品牌视觉形象等手段，吸引并留住消费者。这种"美"的需求驱动了新的商业模式和产业链的发展，催生了设计产业、文化创意产业等新兴领域。以苹果公司为例，其产品的成功不仅归功于技术创新，还得益于其对简约优雅的设计美学的执着追求，这使得其产品在全球范围内广受欢迎，推动了科技产业的审美转型。

美与生活

在近年来的消费文化浪潮中，国潮风尚成为了备受瞩目的新兴潮流。以中华优秀传统文化为基调，国潮风尚巧妙融合了现代设计理念和时尚元素，将古老的中华文化通过全新的方式展现给世界。无论是在服装、日用品，还是艺术设计中，传统的中国元素如汉字、古画、民俗图案等，以新颖独特的形式被重新诠释，吸引了大量年轻消费者的关注。伴随民族自信心的提升，越来越多的年轻人选择通过国潮风尚来表达对中华优秀传统文化的认同与热爱。图 7-1 为以青绿山水为设计元素的服饰。

图 7-1　以青绿山水为设计元素的服饰

结合这一现象，我们可以进一步思考以下几个问题。

1. 国潮风尚如何体现现代社会的审美需求？
2. 国潮风尚的背后是如何通过审美力提升文化价值的？
3. 为什么年轻一代对国潮风尚产生了高度认同感？

其次，审美在消费文化中所发挥的作用也是推动社会经济变革的重要力量。伴随着"颜值经济"的崛起，消费者不仅关注商品的实用性，更在意其外观设计、品牌故事、情感联结等与美相关的体验。以审美为导向的消费模式催生了大量美学驱动型企业与产品，改变了传统的消费观念，推动了产业的转型与升级。

再次，审美作为新质生产力的另一个体现，是对人类创造力和创新精神的激发。在以往的工业生产模式中，效率和产量是衡量生产力的主要标准，而在今天的知识经济时代，创新力成为了推动社会进步的核心动力。审美力通过对美的感知与创造，引导人们突破固有的思维模式，激发全新的灵感与创意，从而为艺术、设计、科技、文化等领域注入源源不断的活力。艺术家、设计师以及工程师们在追求美的过程中，不断打破边界，重新定义技术与艺术的结合方式，实现跨领域的融合与创新。

最后，在教育领域，审美作为新质生产力的重要体现是其能够培养学生的创造性思维和综合素养。通过艺术教育和美学训练，学生不仅能够提升对美的感知和鉴赏能力，还能够通过美的创造性表达，发展他们的批判性思维和跨学科能力。在全球化背景下，具有审美力和创造力的劳动者将成为未来社会的中坚力量，推动文化、经济与科技的协同进步。

7.2 中式生活美学的智慧

美不仅存在于艺术作品中，也融入了日常生活的方方面面。中式生活美学体现了这一深刻的文化智慧，它通过生活细节的设计与感知，引导人们发现并创造美。在中华优秀传统文化中，"天人合一"的理念既体现在宏大的艺术创作与建筑设计中，也深深植根于日常生活。家居布置、饮食文化以及服饰选择等，处处体现出人们对自然、内在秩序与心灵宁静的追求。中式生活美学并非对奢华外在的刻意追求，而是通过简约、自然的设计展现对生活的深刻理解。

7.2.1 家居中的"雅"与"静"

在中华优秀传统文化中，家具设计不仅承载着实用功能，更是审美与精神境界的体现。例如，明清时期的家具设计，凭借其简约雅致的造型、精湛的工艺和巧妙的空间布局，完美诠释了我国古人对"雅静之美"的追求。家居布置不仅是对物质空间的点缀，更是一种生活态度的外化，人们通过对空间和物品的精心安排，体现出其内心的宁静与平和。

明清家具设计秉承"以形传神"的理念，强调简洁的线条与和谐的比例，在看似简单的造型中蕴含着深刻的文化与美学内涵。例如，太师椅的沉稳大气、案几的庄重对称，都传递出当时人们对平衡与秩序的追求。这些家具通常采用红木、黄花梨等珍贵材质制作，其自然质朴的纹理与温润沉静的色调，不仅营造了平和稳重的氛围，还让居住者在视觉和触觉上都感受到宁静与舒适。图 7-2 所示为明黄花梨透雕靠背圈椅。

图 7-2　明黄花梨透雕靠背圈椅

　　家具的摆放和空间布局也极为讲究，强调对称与留白的艺术。无论是在客厅、书房，还是卧室，家具的布置都遵循"简而不陋"的原则，恰到好处地运用空间，让室内充满秩序感和视觉上的清净感。北京四合院或苏州园林等传统居住空间，通过与自然景观的巧妙融合，实现了人与自然的和谐统一。庭院中的一方水池、窗外的竹影，室内与室外的景色相互渗透，家具布置与自然环境彼此呼应，共同营造出一种宁静致远的生活意境。明清家具在细节设计上也体现出对文化与精神的深刻理解。椅背、桌角等处的雕刻往往带有吉祥图案，如龙凤、云纹、松鹤等，这些精巧的雕刻不仅赋予家具更高的审美价值，也寄托着古人对平安、长寿、富贵等美好生活的祈愿。通过这些纹饰，家具不仅是物质载体，更成为了文化与情感的传递者，体现了人们对生活和自然的敬畏与珍视。

　　此外，材质的选择同样充满了智慧。明清家具所选用的红木、紫檀、黄花梨等珍贵木材，因其坚固耐用、纹理细腻而备受青睐。这些木材不仅具有极高的观赏价值，随着岁月的流逝，还会逐渐呈现出温润如玉的光泽。家具在使用过程中不仅成为生活中的一部分，更因时光的沉淀，赋予其文化与历史的厚重感。对家具的精心选择与摆放，可以将物质生活提升为精神修养的外化，使日常空间成为承载生活哲学与文化内涵的美学场域。

美与生活

"室雅何须大，花香不在多"，以文为业、砚为田的传统社会，书房不仅是我国古代文人宅第中不可或缺的空间，更是他们寄托精神、怡情翰墨、醉心诗书的乐园。明清时期达到了书房文化发展的顶峰，书房内部的布局不仅讲究功能性，更追求简约中体现精致，陈设雅致而不奢华。沈春泽在为《长物志》作序时写道："几榻有度，器具有式，位置有定，贵其精而便、简而裁、巧而自然也。"

明清时期文人书房的特点在于用文房清玩和明式家具装点其间，营造出宁静安逸的氛围，反映了文人阶层对与世无争、悠闲自得的生活态度的追求。书斋环境的洁净与幽雅，不染尘埃，文人在这片属于自己的小天地里，或闲倚榻上，翻阅古籍；或挥毫泼墨，绘制丹青；偶尔三五知己相聚，鉴赏古画、摩挲古鼎；或抚琴吟诗，沉醉在自我的精神世界中。《清人乾隆皇帝是一是二图轴》（见图7-3）正是反映明清书房文化的绝佳例证，画中乾隆帝身着汉装，正在赏玩坐榻周围分别放置的各类古物。

图7-3　［清］佚名《清人乾隆皇帝是一是二图轴》

仔细思考并讨论以下问题。

1. 文人的书房不仅是工作的地方，更是追求宁静与思考的场所。你觉得你的房间或学习区域如何影响了你的情绪和专注力？你会做出哪些调整让它更符合自己的审美与生活习惯？

2. 许多生活博主会在社交媒体上分享他们的工作或学习空间，展示如何通过细节设计提升生活品质。你觉得这些分享对你的日常生活有启发吗？你是否曾尝试用自己的方式来"美化"生活空间？

7.2.2　舌尖上的"精"与"道"

在中式生活美学中，饮食作为生活的重要组成部分，蕴含着深刻的审美意义。中国文化讲究"顺时而食"，即根据季节的变化调整饮食结构，这不仅体现了健康养生的智慧，更展现了与自然节律和谐共生的生活方式。四季流转，春天的时鲜野菜、夏日的清凉果蔬、秋天的丰盛收获与冬日的温补佳肴，均传递着中国人顺应自然、享受季节馈赠的智慧。这种饮食美学不仅强调食材的自然本色，也通过细致的烹饪技艺，将质朴的食物提升为一场视觉与味觉的双重盛宴。

唐代墓室壁画中常见的宴饮场景便是这种饮食文化的重要体现，尤其是在唐代贵族的宴会中，丰富的菜肴、精美的器具和宴饮礼仪通过壁画得以生动再现。以唐墓墓室壁画中的《宴饮图》（见图7-4）为例，画中描绘了贵族在宴会中的饮食场景，桌上摆满了丰盛的佳肴和美酒，宾客们在充满仪式感的氛围中享受美食。壁画中的场景不仅展示了唐代社会的富庶和饮食的奢华，还反映了当时人们对生活美学和饮食文化的重视。在这些宴饮壁画中，食物不仅是一种物质享受，更是一种社交礼仪和文化交流的媒介。

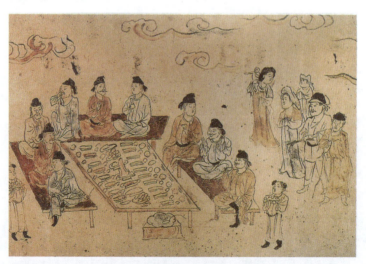

图7-4　［唐］《宴饮图》（局部）

与唐代贵族宴饮的奢华不同，南宋林洪所著的《山家清供》则强调了另一种清淡雅致的饮食风格。该书详细描述了隐居生活中如何根据时令烹调食物，特别强调了清淡而精致的饮食美学。所谓"山家清供"，指的是山野人家待客时所用的清淡田蔬。林洪以此作为书名，表达了他对清淡菜蔬的推崇与喜爱，也体现了其追求"清""雅"的饮食美学思想。与唐代宴饮图中的奢华宴会相比,《山家清供》展现了截然不同的审美理念,它追求的是饮食中的自然本真与生活的内敛沉静。《山家清供》中提到的很多菜肴,食材取自乡间,自然质朴,但通过精心烹调与搭配,赋予了这些简单食材以艺术的韵味。

清代袁枚的《随园食单》更是将饮食艺术提升到文化与美学"大雅学问"的高度。袁枚以其独到的见解,主张饮食应追求"味要浓厚,不可油腻;味要清鲜,不可淡薄",在简约中品味精妙。他强调烹饪过程中的精致与用心,提倡在饮食中融入情感与文化。顺时而食、精致简约、雅致自然。这不仅是对自然节律的顺应,也是对生活的敬畏与追求。饮食因此不再仅仅是满足生理需求的过程,而是人与自然、人与社会互动的美学实践。通过这些经典著作,我们可以看到,饮食之美不仅在于色香味形的感官享受,更在于食材背后所承载的文化、历史与自然的内在联系。饮食成为了审美生活的一部分,连接着人们的情感、文化与自然。

7.3 生活即艺术,人人都是艺术家

按照人的自我的发展历程、实现人生价值和精神自由的高低程度,人的生活境界分为四个层次,即欲求境界、求知境界、道德境界和审美境界,因为审美意识完全超越了主客二分的思维方式,而进入了主客融为一体的领域:把"审美境界"渗透到低级的欲求活动之中,就会在茶中品出诗意,产生"味之美";反之,一个以"欲求境界"占主导地位的人,则只能知道饮茶不过是解渴,无美之可言。把"审美境界"渗透到求知活动之中,就会产生"科学美"。"生活即艺术"这一理念打破了艺术与日常生活的界限,将美学融入生活的每一个细节中,使生活不仅仅停留于功能性与物质性,而是一种充满审美感受的存在。这意味着通过审美来解读和创造日常体验,使生活中的每一件事物、每一个动作都可以成为艺术的组成部分。

费瑟斯通在《消费文化与后现代主义》中提出了"日常生活的审美呈现"这个概念,并将其总结为三个方面。第一,现代性艺术运动"消解艺术与日常生活之间的界限"。一方面,艺术作品可以出现在任何地方,不仅深藏于博物馆;另一方面,大众文化中的琐碎之物,都可能是艺术。第二,"将生活转化为艺术品的谋划"。现代人可以将自己的身体与行为、感觉和激情,甚至不折不扣的存在都变成艺术的作品。第三,"充斥于当代社会日常生活之经纬的迅捷的符号和影像之流"。生活的理想境界,是让每个人都能以艺术的眼光审视生活,成为自己生活中的艺术家。在此需要注意的

是，回归生活的美学并不是为了造就生活美学家，因为美学家是以理论为生的，他们更为关注审美观照而非审美创生，而生活艺术家并非如此。所谓的生活艺术家是相对于专业艺术家而言的，他们不以艺术作为自己的职业，但却以艺术的、审美的态度去对待生活、社会与人生。用更简约的话来说，生活艺术家是将人生作为艺术而不是为艺术而艺术。在未来艺术与生活边界消失的理想时代，艺术就是生活，生活就是艺术。

在日常生活中，艺术早已渗透到我们所做的每一个选择和行动中。烹饪一顿饭，不仅是在满足基本需求，更是在食材的选择、味道的调配和摆盘的精致中体现对美的追求。同样，布置一个充满生机的空间，无论是植物的选择，还是家具的摆放，都是对和谐与平衡的审美表达。即便是在社交媒体上分享一张照片，构图、光影和色彩的搭配，都展示了我们对生活的独特理解和审美体验，也让每个人成为了自己生活中的艺术家，实现了艺术与生活的深度融合，如图 7-5 所示。

图 7-5　人人都是艺术家

美的经典

服饰不仅是用于遮蔽和保护身体的工具，也承载着人类丰富的文化内涵和审美情感。在中华优秀传统文化中，服饰不仅反映了社会地位、身份角色，还象征着人与自然、人与社会之间的和谐关系。唐代画家张萱的《捣练图》是一幅经典的表现服饰文化的绘画作品，如图7-6所示。它生动地展现了唐代女性捣练、织布的场景，记录了唐代贵族生活中的日常活动。《捣练图》在描绘劳动场景的同时，还通过人物的服饰、姿态和表情传递出浓厚的时代审美与社会风貌。

在现代社会中，服饰依然是个人表达审美、个性和生活态度的重要方式。随着时尚文化的发展和全球化的深入，服饰已经不再仅仅作为功能性物品，而是个人艺术表达的重要途径。服饰设计从颜色、款式到细节的装饰，都与个人的审美选择和生活态度紧密相连。每个人在选择穿什么、如何搭配时，实际上都在通过服饰进行"创作"，这种创作作为一种审美表达的同时，也是一种文化传承。

图7-6 ［唐］张萱《捣练图》

美的探索

1. 在选择日常服饰时，你是否有意识地体现个人的审美与个性？哪些因素会影响你对服饰的选择？你觉得日常穿搭是否也可以成为一种生活中的艺术创造？

2. 现代社会对时尚的追求常常与快时尚和消费主义相关。请思考，如何通过可持续的方式设计和选择服饰，既满足美学需求，又避免浪费和环境破坏？

美的实践

1. 尝试拍摄一则不超过 3 分钟的短视频，通过镜头捕捉那些你认为颇具美感的瞬间，展现光影、色彩、构图中的美学韵味，用镜头讲述你一天中特别的美学体验。

2. 完成后，将你的短视频与全班同学分享，并阐述你选择这些生活片段的理由。

3. 在观看他人的作品时，哪些瞬间或构图让你感到特别？